KB120356

누구나 가는 길은 정답이 아니다

누구나 가는 길은 정답이 아니다

초 판 1쇄 2020년 05월 13일

지은이 권마담, 오지영
펴낸이 류종렬

펴낸곳 미다스북스
총괄실장 명상완
책임편집 이다경
책임진행 박새연 김가영 신은서
본문교정 최은혜 강윤희 정은희 정필례

등록 2001년 3월 21일 제2001-000040호
주소 서울시 마포구 양화로 133 서교타워 711호
전화 02) 322-7802~3
팩스 02) 6007-1845
블로그 http://blog.naver.com/midasbooks
전자주소 midasbooks@hanmail.net
페이스북 https://www.facebook.com/midasbooks425

© 권마담, 오지영, 미다스북스 2020, *Printed in Korea*.

ISBN 978-89-6637-793-0 03190

값 **15,000원**

미다스북스는 다음세대에게 필요한 지혜와 교양을 생각합니다.

누구나 가는 길은 정답이 아니다

당신은 이 찬란한 삶을 누리고 있는가?

권마담 · 오지영 지음

미다스북스

평범한 인생, 이제 그만!

우리가 이 세상에 태어난 이유는 평범한 삶을 살기 위한 것이 절대 아니다. 우리는 우리만의 고유한 스토리를 만든 인생을 살기 위해 이 세상에 태어난 것이다. 그래서 우리는 특별해야만 하고, 나만의 인생 스토리를 반드시 만들어야만 한다.

하지만 우리 대부분, 머릿속으로는 특별하게 살고 싶다고 생각하지만 정작 실천을 하지 못한다. 그 이유는 무엇일까? 실천력이 없고 간절한 마음이 없기 때문이다. 그래서 특별한 인생을 사는 사람들을 보면 '저 사람들은 원래 특별하니까 저렇게 사는 거야.'라고 생각한다.

그리고 더욱더 최선을 다해서 평범하게 살려고 노력한다. 그 사람들만 태어났을 때부터 특별하게 태어났을까? 절대 아니다. 그들 또한 우리처럼 평범하게 태어났다. 하지만 그들은 특별해지기 위해 안간힘을 쓰고 노력했다. 남들과 다른 인생을 위해 치열하게 행동했고, 치열하게 행동한 결과 특별한 인생을 사는 것이다.

그 말은, 당신 또한 치열하게 행동한다면 당신의 인생이 달라질 수 있다는 증거이다. 그러므로 당신 또한 그렇게 인생을 살아야만 한다. 남들과 같은 길을 가는 인생은 이제 그만 살아야 한다.

적어도 누군가에게는 정말로 내 인생은 특별하다고 말할 수 있어야 한다. 그리고 꼭 그런 인생을 살아야만 한다. 나만의 인생 스토리를 만들면서, 나를 위한 인생을 살아야만 하는 것이다.

특별한 인생을 만들기 위해서는 미친 꿈을 가져야 하고, 그 꿈을 위해 치열하게 도전해야 한다. 특히 20대의 젊은 청춘일수록 더욱 그렇다. 누구나 가는 길을 택하지 않고, 빛나는 내 인생을 위한 그런 인생을 만들어야 한다. 치열하게 꿈에 도전하고, 실패도 맛봐야 한다.

그래야만 인생에 대해 알 수 있고, 남들처럼 평범한 인생을 살지 않게 된다. 자신을 위한 인생을 살게 된다. 그리고 그런 인생은 결국 빛나는 인생이 되는 것이다. 지금의 당신이 꿈이 없다면 반드시 꿈을 생각해야 한다. 꿈을 만들어야만 한다. 간절히 이루고 싶은 그런 꿈을 만들어서 당장 오늘부터 그 꿈을 위해 노력해야 한다.

꿈을 위한 노력은 간단하다. 내가 가진 달란트를 숨기지 말고 자꾸 남들에게 보여줘야 한다. 세상을 향해 자신에게는 수많은 달란트가 있다는 것을 널리 알려야 한다. 달란트는 나만 알고 있는 곳에 가만히 모셔두는 것이 절대 아니다.

나의 달란트를 이용한 다양한 경험은 결국 나의 지혜로 변할 것이며, 그 지혜는 인생을 바라보는 나의 기준을 바꿀 것이다. 남들의 시선으로 바라본 기준이 아닌, 오직 나를 위한 기준을 만들어줄 것이다.

그러므로 이 세상에 나라는 사람이 태어난 만큼 우리는 인생을 특별하게, 그리고 축복받는 인생을 반드시 살아야만 한다. 우리의 특별한 인생은 신이 우리에게 준 위대한 선물이다. 우리 모두는 그 선물을 받을 가치가 있다. 그 선물을 받고 우리 모두 축복받는 인생, 행복한 인생을 반드시 살아야만 한다.

이 책은 자꾸만 평범한 인생을 사는 사람들, 또는 남들과 똑같은 길을 가려고 하는 사람들에게 누구나 가는 길이 정답은 아니라는 메시지를 담고 있다. 1장은 5년 후의 내 모습, 우리 모두에게 주어진 달란트를 꼭 활용해야 한다는 내용, 평범한 인생을 살아서는 안 되는 이유에 대해 이야기한다. 2장은 좋아하는 것과 잘하는 것의 차이점, 우리가 꿈을 좇는 인생을 살아야만 하는 이유에 대해 작가 권마담과 오지영의 생생한 사례를 통해 이야기한다. 3장은 공부보다는 경험과 지혜가 중요하다는 내용에 대해 이야기한다. 4장은 나의 생각에 행동을 더하면 그 무엇이든 다 이룰 수 있다는 내용, 즉 우리가 마음만 먹으면 무슨 일이든 성공할 수 있다는 내용에 대해 이야기한다. 5장은 평범한 인생을 살려고 하는 당신에게 자꾸만 평범한 인생을 바라보지 말고 오직 스스로의 기준으로 이 세상을 바라보라는 내용으로 이야기한다.

〈한국책쓰기1인창업코칭협회〉의 책 쓰기를 통해 멋진 작가의 삶을 안겨준 김태광 대표님께 진심으로 감사 인사를 드린다. 또한 사랑하는 내 가족에게도 감사 인사를 전한다. 끝으로 이 책을 만들어주신 미다스북스 관계자분들께 진심으로 감사 인사를 드린다.

2020년 5월

권마담, 오지영

목차

2장 좋아하는 것과 잘하는 것은 다르다

3장 공부보다 경험과 지혜가 중요하다

4장 생각에 행동을 더하면 무엇이든 할 수 있다

5장 당신만의 기준으로 세상에 나아가라

1 장

누구나 가는 길은

_____

정답이 아니다

1
———

5년 후 나는 어떤 모습으로 살고 있을까?

짐 캐리, 자신에게 5년 뒤를 약속하다

미국의 유명한 영화배우 짐 캐리가 있다. 짐 캐리는 어렸을 때부터 남을 행복하게 하거나, 남을 웃게 만드는 뛰어난 재주가 있었다. 자신의 익살스러운 행동을 보며 웃는 사람들을 볼 때마다 짐 캐리는 배우가 되고 싶다는 꿈을 간직하게 되었다. 어려운 가정 형편, 아버지의 이른 죽음 뒤에도 짐 캐리는 오직 그 꿈을 바라보며 앞으로 달려나갔다.

캐나다 출신이었던 그는 배우가 되고 싶은 꿈을 실현하기 위해 미국으로 넘어갔다. 하지만 미국에서 그가 맡은 배역은 단역이 전부였다. 얼마 되지 않은 단역 수입으로 인해 그는 햄버거로 끼니를 때워야만 했고, 잠은 그의 차에서 쪽잠을 자다시피 해야 하는 하루하루를 이어나갔다.

이런 일상에 지칠 법도 하지만, 그는 끝내 포기하지 않았다. 1990년 어느 날, 그는 큰 결심이라도 한 듯이 무작정 할리우드로 갔다. 그리고는 할리우드에서 가장 높은 언덕을 찾았다. 짐 캐리는 가장 높은 언덕을 찾은 후, 할리우드 간판을 하염없이 바라봤다. 그리고 수첩을 꺼내서, 이렇게 적었다.

"나는 5년 뒤, 나 자신에게 반드시 천만 달러를 주겠다. 무슨 일이 있어도 꼭 이루겠다."

그의 이러한 확고한 목표와 신념을 신도 알아줬을까? 그가 이렇게 굳은 결심을 하고 난 후, 짐 캐리는 1993년부터 유명세를 치르기 시작했다. 그리고 그 유명한 〈마스크〉라는 영화를 통해 그의 존재를 독보적으로, 그것도 확실하게 대중들에게 알렸다. 또한, 연이어 〈덤 앤 더머(Dumb and Dumber)〉라는 영화로 승승장구하게 됐다.

그리고 어느덧, 1990년 할리우드 간판이 보였던 가장 높은 언덕 위에 올라갔던 그의 인생이 5년이 흘렀다. 반드시 자신에게 천만 달러를 주겠다던 그의 목표는 5년 뒤, 어떻게 됐을까? 그는 정확히 5년 뒤, 1995년

추수감사절에 그에게 천만 달러짜리 수표를 선물했다. 그해 그가 출연하게 된 〈배트맨 포에버〉의 출연료가 정확히 천만 달러였던 것이다.

5년 후, 나는 어떤 모습으로 살고 있을까?

짐 캐리가 단역 배우의 삶에 만족하며 살았다면 그의 5년 뒤의 삶은 어땠을까? 아마 5년 뒤에도 그는 단역 배우의 삶을 걸었을 것이며, 그의 삶은 나아진 것이 전혀 없었을 것이다. 여전히 햄버거로 끼니를 때우며, 그의 차에서 잠을 자는 생활을 이어나갔을 것이다. 그의 존재감을 알리지 못했던 시기에도 그는 자기의 꿈을 향해 할리우드로 향했고, 할리우드 간판을 바라보며 스스로 5년 후 달라져 있을 자신의 모습을 약속하고 돌아왔다. 그리고 그의 삶은 5년 뒤 180도로 변했다.

'5년 후, 나는 어떤 모습으로 살고 있을까?' 누구나 한 번쯤은 인생을 살면서 이런 생각을 해본 적이 있을 것이다. 그리고 그런 생각을 하며, 머릿속으로는 내가 이루고자 하는 꿈, 소망, 목표를 떠올린다. 5년 후, 마치 그 모든 것들을 이룰 수 있을 것처럼 말이다. 특히 우리는 새해가 막 시작됐을 때, 거창한 목표와 함께 그 목표를 한 단계 한 단계 밟고 있을 내 모습을 상상한다.

5년이라는 시간은 결코 긴 시간이 아니다. 그렇다고 해서 아주 짧은 시간도 아니다. 하지만 분명한 것은 5년이라는 시간 동안 당신이 무엇을 했느냐, 무엇을 상상했느냐에 따라 5년 뒤의 당신의 삶은 완전히 달라져 있으리라는 것이다. 절실한 꿈을 바라보며 치열하게 5년을 산 사람의 5년 뒤는 어느덧 그 꿈과 가까워진 자신의 모습을 볼 것이다.

짐 캐리처럼 자신에게 5년이라는 시간을 선물하고, 이루고자 하는 그 꿈을 향해 달려나간 사람은 결국 마음속으로 이루고 싶었던 그 선물이 현실이 되어 돌아온다. 하지만 거창한 목표와 꿈을 상상함과 동시에 그것을 머릿속에서 지운 채, 현재의 삶과 다를 바 없는 5년을 살아온 사람의 5년 뒤는 지금과 변함이 없을 것이다. 그 사람의 인생은 항상 상상과 함께 현실에 안주하게 될 것이다.

누군가는 마음속에 품었던 선물을 5년이라는 시간이 지난 후, 결국 현실에서 쟁취한다. 하지만 왜 누군가는 그 선물을 현실에서 받지 못한 채 지금과 전혀 변함없는 5년 뒤의 삶을 살고 있을까? 그것은 바로 꿈을 향한 간절한 마음 차이 때문이다.

'내 삶의 5년 뒤, 나는 분명히 내 꿈을 이루었다.'라는 마음가짐으로 사는 사람은 5년이라는 시간 동안 자신이 그토록 원하는 그 꿈을 향해 달려나간다. 오직 그 꿈 하나만을 바라보며 그의 생각, 그의 행동이 그 꿈을 향해 변하는 것이다. 그래서 그 꿈을 이뤄나가는 과정이 힘들고 지칠지라도 금방 포기하지 않는다. 그 과정 또한 그 꿈을 이루기 위한 하나의 성장통이라는 생각으로 긍정적으로 받아들이고, 그 시련이 힘든 문제가 아닌 것처럼 쉽게 넘어가는 것이다.

하지만 '내 삶의 5년 뒤, 내가 그 꿈을 이뤘을까?'라는 마음을 품은 사람은 5년이라는 시간 동안 항상 그 의구심만 가진 채 하루하루를 살게 된다. 오직 그 꿈 하나만을 바라보는 것이 아니라, 그 꿈을 생각함과 동시에 자신이 이룰 수 있을지 고민하는 것이다. 그 고민과 함께 아까운 세월을 흘려보내게 되고, 그 과정 중에 시련이 닥치면 큰 문제로 받아들이고 포기하게 된다. 즉 그의 꿈을 바로 접게 되는 것이다. 그래서 이런 마음을 가진 사람의 5년 뒤는 지금과 달라진 것이 전혀 없는 삶을 살게 되고, 또다시 '그 꿈을 이룰 수 있을까?'라는 고민만 하면서 앞으로 있을 그 5년 동안 또 지금과 같은 똑같은 삶을 살게 되는 것이다.

5년, 꿈을 이룰 수 있는 시간이다

5년이라는 시간은 '꿈을 이룰 수 있는 시간'이라는 과정으로 신이 우리에게 준 엄청난 선물이다. 지독한 노력파로 유명한 김연아 선수 역시 시니어 대회 후, 올림픽 금메달을 따기 위해 5년이라는 시간이 필요했다. 또한, 짐 캐리 역시 자신에게 천만 달러를 선물하기 위해 5년이라는 시간이 필요했다. 김연아 선수와 짐 캐리가 단지 5년이라는 시간이 흘렀다는 이유로 그들이 원했던 꿈을 이룬 것은 결코 아니다. 그들 역시 간절한 꿈을 이루기 위해 5년이라는 시간 동안 처절한 노력을 했을 것이다. 그리고 그 과정 중에 발생하는 수많은 시련에 절대 굴하지 않고 끝없이 도전했기에, 5년이라는 시간이 지난 후 그토록 원했던 꿈을 실현할 수 있었던 것이다.

당신도 지금과 다른 5년 뒤의 삶을 살고 싶다면 반드시 간절한 마음을 품어야 한다. 그리고 신이 당신에게 준 5년이라는 시간을 결코 헛되게 흘려보내서는 안 된다. 당신이 그토록 원하는 5년 뒤의 삶을 바라보며 당신의 행동을 바꿔야 한다. 그리고 당신의 생각 또한 지금 사는 대로 생각하지 말고, 5년 뒤를 생각하며 살아가야 한다. 지금 나의 현실이 만족스럽지 않더라도, 이미 내 생각은 5년 뒤의 내 삶을 생각하며 살아야 하는 것이다.

물론 그 꿈을 이뤄나가는 과정 중 당신에게도 수많은 시련과 아픔이 닥칠 것이다. 하지만 각오해야 한다. 그 과정을 직접 맞닥뜨리고, 부딪쳐봐야 시련 속에서 내 꿈을 이루는 방법이 하나씩 선물처럼 주어지기 때

문이다. 그 과정을 잘 버티고 꿈을 향해 앞만 보고 달려간다면 당신의 5
년 뒤 삶도 짐 캐리의 삶처럼 찬란히 빛날 것이다. 당신 또한 당신 자신
에게 약속한 그 꿈을 당신에게 반드시 선물로 안겨줄 수 있을 것이다.

5년이라는 시간은 우리의 삶을 완전히 바꿀 수 있는 황금 같은 시간이
다. 그래서 우리는 이 시간을 헛되이 보내서는 절대 안 된다. 지금 당장 5
년 뒤, 내가 이루고 싶은 모습을 상상하며 짐 캐리처럼 수첩에 적어보자.
그리고 그 수첩에 적었던 내용처럼 5년이라는 시간이 흐른 후, 수첩에 적
은 삶을 당신에게 꼭 선물로 안겨줘라. 수첩에 적음과 동시에 당신이 그
꿈을 향한 간절한 마음을 품는다면, 당신은 5년 뒤 그 선물을 받을 자격
이 충분히 있다. 그러므로 포기하지 말고 당장 오늘부터 도전해보자. 이
책을 읽고 난 5년 뒤, 당신의 삶은 분명히 달라져 있을 것이다.

나는 삶이라는 행복을 충분히 누리고 있는가?

당신은 당신의 삶을 어떤 관점으로 바라보는가?

똑같은 일상을 보내며 누군가의 얼굴에는 매일 웃음이 피어난다. 그리고 매일 "행복해."라는 외침을 달고 산다. 그 외침을 듣는 주변 사람들 또한 행복하다. 하지만 똑같은 24시간을 사는 다른 누군가의 얼굴은 늘 무표정하거나 불만이 가득한 표정이다. 때로는 울적해 보이기도 한다. "짜증나. 왜 이렇게 되는 일이 없어?"라는 말을 달고 산다. 그리고 그 외침을 듣고 있는 주변 사람들 또한 불평불만이 가득해 보인다. 모두에게 주어진 24시간이라는 공평한 시간 아래, 왜 누군가는 행복하고 누군가는 유독 불행해 보일까?

그것은 바로 삶을 바라보는 관점의 차이다. 관점은 우리가 느끼기에 아주 사소해 보인다. 하지만 이 관점으로 인해 앞으로 내 평생의 인생이 행복으로 물들 수 있다. 혹은 나의 관점 때문에 앞으로의 삶이 불행으로 물들 수 있다. 그만큼 내 관점은 내가 나의 삶에서 행복을 충분히 누릴 수 있느냐 없느냐의 갈림길에 서게 만드는 막강한 무기이다. 즉 양날의 검과도 같은 것이 관점이 되는 것이다.

당신은 지금 그 무기를 어떻게 사용하고 있는가? 효과적으로 잘 사용하고 있는가? 효과적으로 사용하고 있다는 말은 당신은 지금 당신 삶에서 행복을 충분히 누리고 있다는 증거이다. 매일 사소한 모든 것에서 감사를 느끼고, 다른 누군가가 당신의 이미지를 떠올리면 '웃음'이라는 이미지가 연관될 정도로 말이다.

하지만 만일 당신의 삶이 불행하다고 느껴진다면, 당신은 당신의 무기를 잘못 사용하고 있는 것이다. '관점'이라는 양날의 검을 쉴 새 없이 당신을 향해 찌르고 있으며, 당신이 찔리는 만큼 당신의 입에서는 불평불만이 쏟아져 나올 것이다. 그리고 다른 누군가가 당신의 이미지를 떠올린다면 늘 울적해하거나 무표정한 모습의 당신을 떠올릴 것이다.

우리는 모두 우리 삶에서 행복을 누릴 자격이 충분히 있다. 그러므로 지금 당신 삶의 관점을 잘못 사용하고 있다면 당신에게 득이 되는 방향으로 바꿔야 한다. 지금 당신을 향해 찌르는 검을 당신이 아닌 행복을 좇아가는 방향으로 바꿔야만 한다. 그래야만 당신 또한 당신의 삶에서 행복을 충분히 누릴 수 있다. 그리고 당신 또한 반드시 당신의 삶에서 행복을 누려야만 한다.

관점을 바꾸는 방법은 매우 간단하다. 일단 사소한 것에서부터 감사하는 습관을 들이면 된다. 내 삶에서 행복을 누린다는 것은 꼭 거창한 것을 해야만 행복을 누리는 것이 결코 아니다. 내 주변, 나에게 일어나는 상황 중, 아주 사소한 것에서부터 감사하는 마음을 가지면 되는 것이다.

사소한 것부터 감사하는 습관을 들이자

예를 들어, 아침에 눈을 떴을 때 새로운 하루를 시작할 수 있게 된 것에 대해 감사함을 느낄 수 있다. 그리고 가족과 대화를 나눌 때, 건강하게 대화를 나눌 수 있다는 것에서 감사함을 느낄 수 있다. 또한, 가족과 함께 있을 수 있다는 사실에서도 감사함을 느낄 수 있는 것이다. 사소한 것에서부터 감사함을 느낀다면 매일 당신은 무척 놀랄 것이다. 24시간이라는 시간 동안 감사할 일이 생각지도 못하게 매우 많다는 것을 깨닫게 될 테니 말이다.

24시간 동안 감사라는 것이 넘치게 되면, 자연스럽게 당신의 삶에는 행복이 찾아 들어온다. 그리고 당신의 관점 또한 그만큼 행복을 좇게 된다. 감사를 많이 찾을수록, 행복은 그만큼 당신 삶을 행복으로 물들일 것이다. 그리고 그만큼 당신은 매일 당신의 삶에서 행복을 충분히 누리고 있다는 생각으로 바뀌게 될 것이다. 그 생각은 자연스럽게 당신의 얼굴 또한 밝게 변화시킬 것이며, 어느새 사소한 일에도 행복하게 웃고 있는 당신의 모습을 발견하게 될 것이다.

나 역시 '관점'이라는 날로 나 자신을 찌르던 20대 시절, 내 삶에 불평불만이 많았다. 그리고 '왜 살아야 하는가?'라는 의문을 매일 품으며 하루하루를 버텼다. 이런 생각이 쌓이니 나의 삶에는 행복이라는 것이 비집고 들어올 틈이 없었다. 행복의 자리에는 늘 우울함, 무기력감, 삶에 대한 회의감이 그 자리를 차지하고 있었다. 나 스스로가 나의 삶을 불행으로 만들었으면서도 나는 다른 사람들의 행복을 부러워했다. 그리고 질투했다. 저들의 삶은 저렇게 행복한데 왜 나의 삶은 이렇게 행복하지 않을까 투덜거렸다. 나의 관점을 바꿀 생각을 하지 못하고, 그저 행복하게 사는 친구들, 주변 사람들을 볼 때마다 나의 삶과 끊임없이 비교하고 또 비교했다.

우연히, 나는 항상 웃음이 끊이지 않았던 친구와 삶에 대한 깊은 대화를 나누게 됐다. 그 친구는 일찍 엄마가 돌아가셨던 친구다. 하지만 그런 빈자리를 느끼지 못할 정도로 그 친구는 항상 밝고 씩씩했다. 나는 항상 친구의 그런 모습을 부러워했고, 어떻게 해서 매일 그렇게 행복하게 살고 있는지 궁금했다. 그리고 그날의 대화를 통해 나는 그 친구의 삶이 왜 행복으로 가득 차게 됐는지 알 수 있었다.

내 친구는 모든 것을 다 긍정적으로 바라보는 좋은 습관을 지니고 있었다. 예를 들어, 둘이 함께 버스에 탔을 때 나는 항상 "앉을 자리가 없네. 오늘 왜 이렇게 사람들이 많아." 하면서 부정적인 모습을 먼저 바라봤다. 하지만 같은 버스를 탔던 그 친구는 "제 시각에 버스가 와서 우리가 늦지 않게 가겠다."라며 항상 긍정적인 면만을 바라보고 있었다. 똑같은 시간에 똑같은 버스를 탔지만 나는 사람이 많다는 이유로 투덜거렸다. 하지만 내 친구는 늦지 않게 버스를 탈 수 있었다는 긍정적인 면을 바라본 후, 그 부분에 감사함을 느꼈다. 이렇게 서로가 바라보는 삶의 방향이 완전히 다르니 내 삶과 내 친구의 삶은 당연히 다를 수밖에 없었다.

좋은 것만 바라보고 좋은 것만 생각해라

당신도 20대 시절의 나처럼 삶에 대한 불평불만이 많은가? 그렇다면 오늘부터 의식적으로 좋은 것만 바라보려고 노력해야 한다. 지금처럼 똑같은 일상과 똑같은 행동이 반복된다고 해도, 그 똑같은 것들을 전혀 다르게 바라보려고 노력해야만 한다. 내 주변에서 일어나는 모든 것, 그리고 내가 하는 모든 것들을 전부 다 긍정적인 시선으로 바라보려고 해야 한다.

내 생각이 바뀌지 않으면 나의 삶도 바뀌지 않는다. 나의 삶이 바뀌지 않는다는 말은 계속해서 불행을 좇는 삶을 살겠다는 것과도 같다. 당신 또한 충분히 당신의 삶에서 행복을 누릴 자격이 있다. 그리고 우리 모두 그 자격을 받기 위해서 24시간이라는 시간이 공평하게 주어진 것이다. 그러므로 행복은 특권 계층만이 누릴 수 있는 것이 아니라 우리 모두가 누릴 수 있는 공통된 요소인 것이다.

당신의 생각이 긍정을 향해 의식적으로 바뀌도록 노력해라. 우리의 행동이나 생각이 습관이 되려면 최소 66일은 필요하다. 그 말은 66일이라는 시간 동안 과거의 당신이 또다시 부정적인 면만을 바라볼 수도 있다는 말과도 같다. 하지만 그때마다 당신은 의식적으로 과거 당신의 모습을 과감하게 잘라내야 한다. 그리고 그런 모습이 보일 때마다 더 의식적으로 긍정적인 모습을 보려고 노력해야 한다.

이렇게 당신이 매일 노력하다 보면 당신의 마음이 조금씩 편해지는 것을 느낄 것이다. 그리고 당신의 마음이 편안해질수록 당신의 얼굴이 그것을 증명해줄 것이다. 어느새 몰라보게 달라진 당신의 모습을 발견하게 될 것이고, 당신이 달라진 만큼 당신 주변의 사람들 또한 달라져 있을 것이다.

행복은 우리 모두가 누릴 수 있는 권한이다. 우리는 모두 행복을 누려야 할 권리와 의무가 있다. 즉 '누군가의 삶은 행복으로, 누군가의 삶은 불행으로'라는 공식은 이 세상에 없다. 그 말은 당신 또한 당신의 삶에서 행복을 충분히 누려야만 한다는 말과도 같다. 그러므로 당신의 관점을 바꿔라. '관점'이라는 양날의 무기를 당신을 향해 찌르지 말고, 행복을 좇아서 과감하게 찔러라. 그래서 그만큼 당신의 삶에 행복을 데리고 와라. 당신의 관점이 행복을 좇을수록, 그리고 당신의 의식이 긍정적인 것만을 생각할수록 당신 역시 당신의 삶에서 행복이라는 것을 충분히 누릴 것이다.

3
_____

누구나 가는 길은 정답이 아니다

대부분 우리는 지금 누구나 가는 길을 걷고 있다

'대한민국'이라는 나라에 수많은 사람이 태어난다. 그리고 영아기, 유아기를 거치고 어느덧 8살이 된다면 초등학교에 입학할 준비를 한다. 대한민국에 태어난 모든 8살 아이들은 초등학교 6년이라는 똑같은 시간을 보내기 위해 그렇게 입학을 한다. 어느덧 초등학교를 졸업하고 나면, 다시 또 3년이라는 시간을 위해 중학교에 입학한다. 중학교를 졸업하고 나면 다시 또 3년이라는 시간을 고등학교에서 보내야만 한다. 그리고 수능이라는 거대한 산을 넘고 나서, 누구나 가야 한다고 생각하는 대학교에 입학하게 된다.

초등학교, 중학교, 고등학교, 대학교 이 모든 것이 다 누구나 가는 길이다. 단지 다른 누군가가 그 길을 갔다는 이유로 나도 해야만 할 것 같다. 나도 그들을 따라서 그 길을 가야만 할 것 같다. 대학교를 졸업하고 나서 열심히 스펙을 쌓고 있는 친구들을 보면, 나 역시 그 길을 걸어가야만 할 것 같다.

그리고 주변 친구들이 공무원 시험이나 대기업 입사를 준비하고 있다면 나 또한 그 길을 함께 달려가야만 할 것 같다. 그 길을 걷지 않는다면 나는 뒤처지고 있다는 생각과 함께 말이다. 이렇게 남들과 똑같은 길을 걷고 난 후, 취직하게 됐다. 그렇다면 그때부터는 또 다른 길을 걷게 되는가? 그것 또한 아니다. 직장이라는 테두리 안에서 이미 만들어진 길을 또 다시 함께 걷고 있는 내 모습을 발견하게 된다. 아무런 생각도 없이 다른 누군가가 '승진'의 길을 걷고 있으니 나 또한 생각 없이 그 길을 함께 가고 있다. 왜 그 길을 나도 가야만 하는지 생각할 겨를도 없이 모두가 다 그 길을 가고 있으니 자신 또한 그 길을 걷게 되는 것이다. 이렇게 남들과 똑같은 길을 걸으며 살다가 어느덧 퇴직하게 됐다. 퇴직하고 나면 이제 내게는 더는 누구나 가는 길이란 존재하지 않는다. 이제부터는 자신의 길을 만들어야만 한다.

하지만 많은 사람은 퇴직 후에 우울함과 무기력감에 빠져 살게 된다.

행복해야만 할 것 같은 제2의 인생에서 왜 이런 일이 일어나는 걸까? 그 건 바로 자기 삶의 대부분을 누구나 가는 길을 걸었던 이유에서다. 너무 도 많은 삶을 이미 누구나 가는 길을 택했었고, 이제 남은 제2의 인생이 라는 삶 앞에 누구나 가는 길을 주지 않았기 때문에 당황스러운 것이다. 그때서야 자신만의 길을 밟으려고 하니 어렵기도 하고, 어려운 만큼 자 신의 삶에서 무기력함과 우울함이 밀려오는 것이다.

누구나 걷는 똑같은 길을 가는 사람들의 인생은 평범하다

이처럼 누구나 걷는 똑같은 길을 가는 사람들의 인생은 평범하다. 그 리고 누구나 가는 길이 더는 존재하지 않으면, 그 순간부터 자신의 삶에 당황하게 된다. 이는 마치 개미 떼들이 모여 있는 느낌과도 같다. 모두 다 똑같이 생긴 모습, 똑같은 행동으로 어떤 개미가 누구인지 구분하기 힘들 정도다. 그저 다른 개미들이 흙을 나르고 있으므로, 나 역시도 무심 코 아무런 생각 없이 똑같이 흙을 나르는 인생을 사는 것과도 같다.

그렇게 열심히 흙을 나르고 살았지만, 갑자기 다른 개미들이 이제 흙 을 그만 날라도 된다고 당신에게 말한다. 그리고 이제부터 당신 알아서 살라고 한다. 흙만 나르고 살았던 당신에게 이제 당신만의 길이 열린 것 이다. 하지만 과연 당신은 당신만의 길을 잘 만들 수 있을 것인가? 아마 힘들 것이다. 생각 없이 다른 개미들처럼 흙을 날랐으며, 삶은 그저 흙을 나르는 것이라고 생각하며 하루하루를 살았기 때문이다. 이처럼 누구나 가는 길은 결코 정답이 아니다. 당신 또한 마찬가지다. 다른 개미들이 흙을 나르고 있다는 이유로 당신 또한 흙을 나르고 있는 인생을 살고 싶은 가? 우리가 이 세상에 태어난 이유는 특별하게 살기 위한 것이다. 결코, 남들과 똑같은 삶을 살기 위해 이 세상에 태어난 것이 아니다. 즉 평범한 삶을 꿈꾸며 사는 인생이 아닌, 특별한 삶을 꿈꾸며 사는 인생을 위해 우리는 이 세상에 태어난 것이다.

누구나 가는 길을 걷고 싶지 않다면 방법은 간단하다. 내가 정말로 하고 싶은 일이 무엇인지, 내 꿈이 무엇인지 간절히 생각하면 된다. 간절히 생각함과 동시에 그 꿈을 꼭 이룰 방법이 무엇이 있을지 구체적으로 생각하면 된다. 처음에는 나만의 길을 만들어야 하므로 두려움과 포기하고 싶은 마음이 생길 수 있다. 하지만 그 생각에만 사로잡히게 된다면, 결국은 내 삶도 누구나 가는 길을 걷는 삶이 된다.

대학 생활 1년 후, 나만의 길을 위해 자퇴를 하다

나 또한 남들처럼 초등학교, 중학교, 고등학교에 다녔다. 그리고 누구나가 그렇듯이 수능이라는 거대한 산을 넘고, 그 산의 등급에 맞는 지방 대학교에 다녔다. 나의 등급은 형편없었기에 그 점수에 맞는 대학교에 가야만 했다. 하지만 등급에 맞는 대학교는 내가 선택한 길이 아니었다. 그 길은 누구나 가는 길이었다. 대부분 자신의 점수에 맞는 대학교를 선택했기에, 나 또한 생각 없이 그 길을 택했던 것이다.

하지만 그 길을 선택했던 나는 대학교에 다닐수록 내 삶에 대한 회의감이 느껴졌다. 그리고 계속해서 '이 길을 걷는 것이 진정 맞는 삶일까?'라는 생각이 꼬리에 꼬리를 물고 이어졌다. 그 생각이 지속될수록 나는 내가 정말로 이루고 싶은 꿈이 무엇인지 생각했다. 그리고 그 꿈을 이룰 방법이 무엇이 있을지 계속 고민했다.

그 고민의 결과, 나는 대학교를 1년만 다니고 과감하게 자퇴를 했다. 그리고 혼자서 도서관을 다니며 그 꿈을 이루기 위해 혼자 공부를 택했다. 이번에도 역시 누구나 가는 길인 재수 학원을 선택하지 않고, 오직 나만의 길인 혼자 공부를 택했던 것이다.

그 과정에서 수많은 시행착오와 아픔, 시련이 있었지만 그 과정을 거쳐나갈 때마다 나만의 길은 조금씩 더 편해졌다. 비포장도로와 같았던 길이 시련을 극복할 때마다 조금씩 포장도로로 바뀌기 시작했고, 수능을 보기 직전에는 매끈한 도로와도 같은 길로 변했다.

그 덕분에 나는 수능 1등급을 맞게 됐고, 내가 그토록 꿈꿨던 초등학교 선생님이라는 꿈을 이룰 수 있었다. 만일 내가 누구나 가는 길이라는 이유로 고3 수능 등급에 맞았던 지방 대학교를 계속 다녔다면 내 지금의 삶은 어땠을까?

아마 지방 대학교를 계속 다녔다면 나 또한 내 스펙을 쌓기 위해 다른 친구들처럼 고군분투했을 것이다. 그리고 취직을 하기 위해, 친구들과 스터디를 하고 자기소개서를 어떻게든 더 잘 써보려고 노력했을 것이다. 즉, 계속해서 지방 대학교에 다녔다면 나는 결국 누구나 가는 길이 역시 내 길이었다는 생각으로 하루하루를 살게 됐을 것이다.

그래서 나는 21살, 과감하게 내 길을 선택한 내 결정을 후회해본 적이 단 한 순간도 없다. 당신 또한 당신만의 길을 만들고 싶다면 과감하게 결정을 해야 한다. 행동하지 않는 이상, 당신의 길은 절대 달라질 수 없다. 머릿속으로는 다른 길을 꿈꾸고 있을지라도 당신의 행동이 뒷받침해주지 못한다면 결국은 누구나 가는 길을 걷게 되는 것이다.

당신 또한 당신의 인생을 특별하게 살아야만 한다. 누구나 가는 길을 걷고 있는 평범한 삶을 꿈꾸어서는 안 된다. 더 큰 목표, 더 큰 꿈을 바라보며 살아야만 한다. 그래야만 당신의 삶이 빛나게 되고, 당신의 인생이 특별한 삶으로 변하게 되는 것이다. 현실에 안주하며 사는 이상 당신의 삶은 변하지 않을 것이며, 당신은 평범한 삶을 살게 될 것이다.

지금 당장 당신이 꿈꾸고 원하는 삶이 무엇인지 생각해보라. 그리고 그 삶을 위해서 지금 당장 당신이 할 수 있는 것이 무엇인지 떠올려봐라. 당신이 매일매일 구체적으로 떠올릴수록, 그리고 떠오르는 생각을 메모할수록 당신은 그것을 실현하기 위해 무엇을 해야 할지 조금씩 보일 것이다. 조금씩 보이기 시작했다면 그게 바로 행동으로 옮기라는 긍정의 신호이다. 그 긍정의 신호를 무시해서는 안 된다. 과감하게 행동해야 한다. 많은 시행착오를 겪을수록 결국 당신만의 매끈한 길을 만들 수 있을 것이다. 그러므로 포기하지 말고 당신이 원하는 그 삶을 향해 과감하게 앞만 보고 달려나가라.

어떤 기준과 편견에도 나의 가치만 믿어라

'기준'이란 누가 만든 것일까?

"○○이는 고등학교 그만뒀대. 문제 있는 거 아니야?"
"대학교에 가려면 최소 SKY 정도는 가야 하지 않겠니?"
"직장이 있어야만 결혼하지, 직장 없으면 당연히 결혼 못 하지."

우리는 살면서 누군가와의 대화를 통해, 혹은 언론 매체를 통해 최소한 번쯤은 이런 이야기를 들은 적이 있을 것이다. 이런 이야기들은 무엇을 의미하는 것일까? 그리고 왜 우리는 이런 이야기를 들어야만 할까? 위에 나열된 내용은 모두 누군가가 정의한 기준과 편견이다. 그리고 우리는 그 기준과 편견이 마치 우리 모두에게 법처럼 적용되는 것처럼 믿고 살아가고 있다. 이미 만들어진, 하지만 누가 만들었는지는 알 수 없는 그런 기준을 우리는 모두 다 지켜야만 하는 것일까? 그리고 그 누군가가 정해놓은 기준을 어겼을 때 발생하는 편견, 그 따가운 편견의 시선을 우리는 피해야만 하는 것일까? 아니면 그 편견으로 인해 주눅 들고 살아야 할까?

여기서 잠깐 기준과 편견에 관해 정의하자면, '기준'이란 기본이 되는 표준을 뜻한다. 또한 '편견'이란 공정하지 못하고 한쪽으로 치우친 생각을 의미한다. 즉 기본이 되는 표준을 어겼을 때, 다른 누군가는 나를 편견의 시선으로 바라보게 되는 것이다. 하지만 '기준'은 말 그대로 기본이 되는 표준이기 때문에 나 스스로 정할 수 있는 것이다. 위에 나온 누군가의 말처럼 꼭 대학교를 SKY에 가야 한다는 식의 기준은 있을 수 없다. 또한, 직장이 있어야만 결혼할 수 있다는 것 역시 기준이 될 수가 없다. 그러므로 이 기준에 나를 맞추기 위해, 나의 가치를 포기하면서까지 발버둥 칠 필요가 없다는 말이다.

내 인생은 오직 나만의 것이지 그 누구의 것도 아니다

우리는 사람들의 말, 누군가의 기준에 결코 흔들릴 필요가 전혀 없다. 내 인생은 나만의 것이지 그들의 것이 아니다. 사람들의 말, 사람들이 정해놓은 기준에 내 인생을 맡긴다면 나는 그들의 꼭두각시 인형이 되는 것이다. 내가 원하는 방향의 인생이 아닌, 그들이 조종하는 기준에 의해서 움직이고 행동하게 되는 것이다. 그러므로 누군가가 정해놓은 기준을 따라갈 필요가 없다. 아니, 따라가서는 안 된다. 나는 나만의 인생이 있으며, 그 인생의 기준 또한 내가 정하는 것이다. 다른 누군가가 정하지 않고 오직 그 기준을 나만이 정할 수 있는 것이다. 내가 정한 기준이 다른 누군가에게 탐탁지 않다고 해서 신경 쓸 필요가 전혀 없다.

내 기준에 대해 그들이 편견의 눈으로 바라볼지라도, 나는 묵묵히 내 길을 가면 된다. 나의 가치만을 생각하며, 내가 만들어놓은 그 기준만 생각하며 내 갈 길을 가면 되는 것이다. 내 기준이 있어야 내 삶을 주도적으로 살 수 있는 것이며, 또한 내 기준이 있어야만 내 삶의 주인공으로 내가 살 수 있는 것이다.

그렇게 나만의 기준을 만들게 되면 나의 가치가 드디어 보이게 된다. 나만의 기준을 만들지 못하면 누군가가 정해놓은 기준에 의해 나의 가치를 판단하게 되고, 그 기준에 내가 미치지 못한다면 그만큼 나의 가치를 형편없이 평가하게 된다. 형편없게 평가될수록 마음속에는 열등감이 생길 것이다. 그리고 자신과 맞지 않는 그 기준에 도달하기 위해 불필요한 노력으로 시간을 버리고 있는 자신의 모습을 보게 될 것이다.

그러므로 나의 가치는 누군가가 정해놓은 기준, 누군가가 나를 향한 인정으로 평가되는 것이 아니다. 나의 가치는 오직 내 마음에서만 정할 수 있는 것이다. 그리고 나의 가치는 나만 알 수 있지, 다른 사람의 기준이 결코 내 가치가 될 수 없다.

당신만의 인생 스토리를 만들어라

나 또한 대학교를 자퇴하고 났을 때, 나를 곱지 않은 시선으로 바라보는 사람들이 많이 있었다. 매일 늘어난 흰 티에 트레이닝 바지를 입고 다니는 내 모습을 언짢게 생각하는 사람들이 많았다. 또한, 혼자서 공부한다고 해서 어떻게 성적을 올릴 수 있느냐는 비아냥거림의 소리도 많이 들었다.

그들은 한번 간 대학교는 계속 다녀야 한다는 기준으로 나를 바라봤다. 그리고 그 기준과는 다른 '자퇴'를 택한 나를 편견의 시선으로 비아냥거렸다. 또한, 자퇴를 선택하고 난 후, 누군가가 만들어놓은 기준은 꼭 재수 학원에 다녀야만 하는 것이었다. 하지만 그것 또한 나는 선택하지 않았고, 묵묵히 혼자 공부를 택했다. 그리고 그런 나의 행동을 보며, '혼자서 공부한다고 얼마나 공부를 하겠어?'라는 편견의 시선으로 나를 쳐다봤다.

하지만 나는 그들의 기준과 편견을 과감히 무시했다. 나는 나만의 가치를 알고 있었기 때문이다. 나는 혼자서도 반드시 해낼 수 있다는 나만의 기준이 있었다. 그 기준은 확고한 것이었다. 확고한 기준 덕분에 나는 내가 인내심 있게 1년 동안 잘 버틸 수 있을 것이라는 나의 가치를 알 수 있었다.

그래서 나는 남들의 비아냥거림, 편견의 시선도 무시하며 '1년 뒤, 달라져 있는 내 모습을 보고 후회하지 마라.'라는 마음으로 하루하루를 버텼다. 버텨냈다는 표현보다는, 그 1년 뒤의 모습을 그들에게 꼭 보여주고 싶었다. 나를 편견의 시선으로 바라봤던 그들에게 당당히 나의 가치를 보여주고 싶었다.

내가 나의 가치를 믿고, 나의 기준을 믿은 만큼 나는 1년 뒤, 그들에게 보란 듯이 1등급의 성적표를 내밀 수 있었다. 그리고 대학교 자퇴를 한 후 멋진 꿈을 향해 달려갔다는 나만의 이야기를 내게 선물로 줄 수 있었다. 내 인생 스토리에 멋진 내용을 넣을 수 있었던 것이다.

당신 또한 인생을 살면서, 오직 당신만의 이야기를 만들어야 한다. 당신의 삶을 누군가가 정해놓은 기준에만 의존해서 당신 인생의 이야기를 만들어서는 결코 안 된다. 당신이 생각하는 기준, 당신의 숨겨진 가치를 믿으면서 당신의 인생 스토리를 만들어야만 하는 것이다.

당신 스스로 당신만의 기준을 정하는 게 힘들다면 해결책은 간단하다. 당신이 이루고자 하는 확고한 꿈을 생각하면 된다. 그리고 그 꿈을 이뤄 나가는 데 필요한 것들을 떠올리면 된다. 그 필요한 것들이 바로 당신 인생의 기준이 되는 것이다.

예를 들어, 작가가 되고 싶은 것이 당신의 꿈이라면 당신의 기준은 먼저 당신의 이름으로 된 책을 출간하는 것이다. 그 기준은 단 한 권이면 충분하다. 한 권의 책이 당신의 기준이 될 것이며, 그 한 권의 책이 당신의 가치를 당신 자신에게 입증하게 되는 것이다.

그 한 권의 책 출간이라는 것을 달성하기 위해, 당신은 당신이 할 수 있는 모든 것들을 생각하고 그 생각에 맞게 행동을 하면 되는 것이다. 누군가가 이미 정해놓은 '작가 되는 법'이라는 기준에 얽매이지 않고, 당신 스스로 정한 그 기준에 맞게 당신만의 인생 스토리를 만들면 되는 것이다. 이렇게 하나씩 당신만의 기준을 만들기 시작하면, 당신은 생각지도 못하게 당신만의 숨겨진 가치를 많이 발견하게 될 것이다. 그리고 당신이 당신의 가치를 발견할수록 당신의 인생은 오직 당신만의 인생 스토리가 담긴 이야기로 변하게 될 것이다.

인생을 살면서 기준은 우리 스스로가 정하는 것이다. 그래서 우리에게 있어서 편견이라는 것은 있을 수 없다. 내가 정한 기준을 바라보며, 그 기준에 맞게 나의 가치를 스스로 발견하는 것이다. 이제부터는 다른 사람이 정한 기준에 맞게 살지 않고, 당신 스스로 정한 기준에 맞게 살아라. 그리고 그만큼 당신의 숨겨진 가치를 발견해라. 누군가의 기준에 맞게 살다가 '내가 원하는 인생은 이게 아니었는데.'라는 후회를 할 때는 이미 때가 늦었다는 것을 반드시 알아야만 한다.

사소한 것이라도 마음 가는 대로 살아라

왜 우리는 사소한 것도 내 마음대로 하지 못할까?

"오늘 저녁은 뭘 먹지? ○○이가 뭘 먹고 싶어 할까?"

"오늘 이 옷 입을까? 이 옷 입으면 너무 튄다고 다들 한마디 하겠지?"

"우와, 이 시계 예쁘다. 근데 좀 비싸네. 아직 대학생인데 이런 비싼 시계 차고 다니면 흉보겠지?"

당신도 인생을 살면서 한 번쯤은 저런 비슷한 고민을 한 적이 있을 것이다. 위에 적힌 고민의 공통점은 무엇일까? 바로 위 고민은 모두 그 중심에 '나'라는 사람이 들어 있지 않다는 것이다. 즉, 무엇인가를 결정할 때 '나'의 의견보다는 다른 사람들의 의견, 다른 사람들의 생각을 더 고민하는 것이다. 우리는 왜 이런 사소한 것도 내 마음대로 하지 못할까? 왜 자꾸만 남의 눈치를 살피고, 누군가에게 비칠 나의 모습을 자꾸 상상하고 판단하는 것일까?

이렇게 사소한 것도 내 마음대로 하지 못하는 대부분의 사람에게는 공통된 특징이 있다. 바로 불필요한 걱정과 고민이 너무 많다는 것이다. 예를 들어, 친구와 만나서 점심을 먹기로 했을 때 이런 부류의 사람들은 고민한다. '오늘 피자를 먹고 싶은데, ○○이가 피자를 싫어하면 어떡하지? 그냥 다른 거 먹자고 해야 할까?'라는 고민을 한다. 자신의 속마음은 피자를 먹고 싶지만, 그 사소한 행동 하나도 마음 가는 대로 하지 못하는 것이다.

옷을 입을 때도 마찬가지다. 정작 스스로는 편한 옷을 입고 싶지만, 누군가에게 평가될 자신의 모습이 걱정돼 입고 싶었던 옷을 재빨리 내려놓는다. 그러고는 누군가에게 좋게 평가될 이미지의 옷을 한참 고른 후, 그 옷을 걸쳐 입고 밖으로 나간다. 남들의 시선을 많이 의식하고, 자신이 누군가에게 어떻게 평가될지 걱정을 많이 할수록 이렇게 사소한 것도 자신의 마음이 가는 대로 행동하지 못하는 것이다.

하지만 정작 우리가 걱정하거나 고민하는 것들은 대부분 정말로 쓸데

없는 것들이다. 우리가 하는 걱정거리의 40%는 절대 일어나지 않을 것들에 대한 걱정이며, 30%는 이미 일어난 사건에 대한 걱정이라고 한다. 또한, 22%의 고민은 사소한 것에 대한 고민이며, 4%는 우리의 의지로는 도저히 바꿀 수 없는 일들에 대한 걱정이라고 한다. 즉 마지막 4%의 걱정거리를 제외하고는 96%의 모든 걱정과 고민이 정말로 불필요한 것들이라는 것이다. 96%의 고민이 불필요한 것이라는 말은 당신이 사소한 행동, 사소한 것 하나를 결정할 때 남의 눈치를 살필 필요가 전혀 없다는 말과도 같다.

하지만 우리 사회는 알게 모르게 마음 가는 대로 사는 사람들을 보며 '개성이 뛰어나다. 자기애가 강하다. 특이한 사람이다.' 등 이런 식으로 평가를 한다. 마치 그 사람들이 우리 사회의 정상적인 기준을 넘어선 행동을 한 것처럼 말이다. 하지만 오히려 행복한 인생을 살고 싶다면, 우리는 사소한 것이라도 우리의 마음이 가는 대로 살아야만 한다. 우리는 모두 남들과 똑같은 인생, 똑같은 꿈을 이루기 위해 태어난 것이 결코 아니기 때문이다.

그러므로 우리는 모두 개성이 뛰어나다는 말을 들어야 한다. 특정한 누군가만 마음 가는 대로 살도록 시스템이 장착된 것이 결코 아니다. 이 세상에 태어난 순간, 모든 사람은 다 그들만의 개성이 있는 것이며, 그 개성은 한마디로 그 사람의 보물인 것이다. 다른 사람이 갖고 있지 않은, 그 사람만의 보물인 것이다.

당신도 이제는 더는 누군가의 눈치를 살필 필요가 전혀 없다. 왜 나의 보물을 자꾸 다른 사람들의 손에 맡기려고만 하는가? 항상 당신의 보물, 당신 자신의 가치를 알고 당신 마음 가는 대로 사는 것이 정답인 것이다. 사소한 것을 선택할 때 그 고민의 중심에는 항상 '나'라는 사람이 있어야만 한다. 다른 사람을 그 중심에 놓아서는 안 된다.

사소한 것도 마음이 시키는 대로 해라

내가 당신에게 이렇게 말할 수 있는 이유는 나 또한 당신과 비슷한 고민을 했던 20대 시절이 있었기 때문이다. 그 당시 내 삶은 지금과는 완전 달랐다. 나는 가정 형편상 일찍 취직해야 했으며, 직장을 다니며 틈틈이 자기 계발을 했다. 나는 그게 나를 위한 최고의 삶이라고 생각했다. 그리고 그렇게 해야만 나의 인생이 달라지리라 생각했다.

하지만, 내가 직장을 열심히 다니면서 열심히 자기 계발을 했어도 나의 인생은 쉽게 달라지지 않았다. 잠까지 줄여가며 열심히 했지만, 항상 그 자리, 그곳에 머물러 있었다. 나는 항상 저 하늘을 바라보며 달려왔지만 내 현실은 항상 이 자리, 이 땅에만 머물러 있었다. 나는 진지하게 왜 나의 삶이 달라지지 않는지 고민했다. 그리고 왜 자꾸 이렇게 열심히 사는데도 나의 인생에는 변화가 없는지 생각해봤다. 고민에 고민을 거듭한 결과, 정답은 단순했다.

나 역시 사소한 것 하나하나 내 마음대로 행동하지 못했던 것이다. 여상을 졸업한 후, 바로 취직을 한 이유도 내 마음이 진정으로 원했던 행동은 결코 아니었다. 내 마음보다는, 우리 가정 형편이 어렵다는 생각이 더욱더 강했고 그 결과 나는 취직을 선택했던 것이다.

직장을 다니며 열심히 자기 계발을 했던 것도 마찬가지다. 그것 또한 내 인생을 위한 것으로 생각했지만, 그렇지 않았다. 자기 계발 역시 열심히 사는 내 모습을 누군가에게 보여주기 위해서 선택한 행동이었던 것이다. 그 또한 내 마음이 시키는 대로 했던 행동이 아닌, 누군가에게 비춰질 내 모습을 떠올리며 선택했던 결과였던 것이다.

이런 생각을 하고 나니 나는 진심으로 내 마음 가는 대로 살고 싶다는 생각이 들었다. 더는 누군가를 위한, 그리고 누군가에게 비춰질 내 모습을 위한 인생을 살고 싶지 않았다. 그 길로 나는 잘 다니고 있던 직장을 과감하게 그만뒀다. 그리고 나는 워킹 홀리데이를 떠났다. 워킹 홀리데이를 떠난 것은 진심으로 내 마음이 시킨 행동이었고, 나는 내 마음이 시킨 대로 내 몸을 비행기에 실어 호주로 날아갔다.

워킹 홀리데이를 다녀온 후, 내 인생은 극적으로 변했다. 모든 행동의 중심에 '나'라는 사람이 들어가게 됐으며, 내 마음이 시키는 대로만 행동했더니 나의 인생 또한 달라졌다. 내 마음이 원하는 대로 글을 썼더니 나는 작가가 됐다.

작가의 삶을 이룬 뒤, 나는 강연가가 되고 싶다는 꿈을 꿨다. 그리고 그 마음이 시키는 대로 나는 행동했다. 그랬더니 이화여대, 조선대, 목포여고, 부곡중고, 모교 등 전국을 무대로 강연과 멘토링, 코칭을 하게 됐다. 그리고 어느덧 출판사 '위닝북스'의 대표가 됐다.

이 과정을 이루기까지 내가 했던 것은 단지 내 마음이 시키는 대로 행동했던 것이다. 내 마음이 시키는 대로 행동했을 뿐인데, 내 인생은 어마어마하게 변했다. 그리고 지금도 나는 내가 원하는, 내 마음이 시키는 것을 꿈꾸며 여전히 더 나은 인생을 살기 위해 노력하고 있다.

과거의 나처럼 지금 당신이 처한 현실에 만족을 느끼지 못한다면 정답은 간단하다. 내가 했던 것처럼 당신 또한 마음이 시키는 일을 하면 된다. 물론 처음에는 힘들 수 있다. 그리고 내 마음이 시키는 일을 해나가는 과정에서 많은 고통, 시련을 맞닥뜨릴 수 있다. 나 또한 그랬으니 말이다. 하지만 지금의 현실을 바꾸려면 그 정도의 고통과 시련은 맞닥뜨려야만 한다. 우리가 감수해야만 한다. 오히려 많은 시련을 마주칠수록, 당신의 인생은 더욱더 멋진 꿈을 향해 달려갈 것이니 말이다.

그러므로 이제 더는 남의 눈치를 살피며 살 필요가 전혀 없다. 그리고 항상 고민할 때도 그 고민의 중심 자리에 더는 다른 사람을 앉혀놓지 마라. 그 자리는 항상 당신의 자리다. 당신의 의자는 당신을 기다리고 있지 다른 사람을 기다리고 있지 않다. 내 삶의 중심은 나라는 생각을 강하게 할수록 당신 또한 당신 마음의 소리에 귀 기울일 수 있다. 그리고 당신의 마음이 무엇을 원하는지 빠르게 알아낼 수 있다. 그러므로 이제부터 당신의 의자에는 항상 당신이 앉아 있어라. 그리고 당신 마음이 하는 소리에 귀 기울여서 사소한 것이라도 당신 마음이 시키는 대로 살아라. 그게 바로 멋진 삶이다.

6

내가 가진 달란트를 아껴두지 마라

달란트는 아껴두는 것이 아니다

달란트와 관련된 성경의 유명한 일화가 있다. 그 내용은 이렇다. 어느 날, 하인을 거느리고 있는 주인이 세 하인을 불러 이렇게 말했다.

"내가 잠시 떠나게 되니 너희들에게 달란트를 맡기고 가마."

그리고는 한 명의 하인에게는 다섯 달란트를 맡겼다. 그리고 다른 한 명에게는 두 달란트를 맡겼다. 나머지 한 명의 하인에게는 한 달란트를 맡겼다. 주인은 그렇게 세 명의 하인들에게 자신의 달란트를 맡기고는 이렇게 말했다.

"너희의 재능만큼 달란트를 나눠줬으니, 그 재능을 마음껏 펼쳐봐라."

이렇게 말하고 주인은 떠났다. 그리고 시간이 한참 지난 뒤, 주인은 다시 하인들에게 돌아왔다. 다섯 달란트와 두 달란트를 맡겼던 하인들은 주인이 없는 사이에 장사했다. 그리고 자신들이 받았던 달란트만큼의 달란트를 남겼다. 그리고 그것을 주인에게 돌려줬다. 하지만 한 달란트밖에 받지 못했던 하인은 주인이 없을 때 그 달란트를 땅속에 그대로 묻어뒀다. 그리고 주인이 돌아왔을 때, 땅속에 묻어뒀던 한 달란트를 그대로 돌려줬다.

이들의 행동을 본 주인은 어떻게 반응했을까? 주인은 장사했던 하인들을 무척 칭찬했다. 하지만 한 달란트를 그대로 땅속에 묻어뒀던 하인은 호되게 꾸짖었다. 그 꾸짖음의 이유는 간단했다. 바로 그 하인이 가지고 있었던 달란트를 속절없이 아껴뒀다는 이유에서였다.

특별한 인생을 위해 달란트를 꼭 써야만 한다

성경에 나온 달란트 이야기는 누구든지 한 번쯤은 들어봤을 것이다. 이 내용과 함께 달란트와 관련된 유명한 명언이 있다. "달란트를 숨겨두지 마라. 달란트는 쓰기 위해 주어진 것이다."라는 벤자민 프랭클린의 유명한 말이다. 주인의 행동과 벤자민 프랭클린의 명언에 공통점이 있다면 무엇일까? 그것은 바로 자신의 달란트를 아껴두지 말라는 내용이다.

이 세상에서 제일 미련한 사람이 있다면 그 사람은 바로 자신의 달란트를 아껴두고 있는 사람이다. 우리 모두, 이 세상에 태어난 순간부터 우리에게 주어진 달란트가 있다. 그리고 우리는 특별한 인생을 살기 위해, 반드시 그 달란트를 써야만 한다. 한 달란트를 받았던 하인처럼 땅속에 묻어두고 평생을 사는 인생을 살아서는 절대 안 된다. 나의 달란트를 다른 사람들도 알 수 있게, 그리고 세상이 나의 달란트를 알 수 있게 하는 그런 삶을 살아야만 한다. 우리는 그 사명을 위해 이 세상에 태어났으며, 우리는 반드시 그렇게 살아야만 하는 의무와 권한이 있다.

나의 달란트를 세상에 알리기 위해서 내가 먼저 해야 할 일은 간단하다. 내가 가지고 있는 달란트가 무엇인지 파악하는 것이다. 자신을 제대로 알지 못하면 내가 가지고 있는 달란트가 무엇인지 쉽게 파악하지 못한다. 그래서 자신의 달란트를 세상에 내놓지 못하고, 속절없이 땅에만 묻어두고 사는 인생을 살게 되는 것이다.

내가 가지고 있는 달란트를 파악하려면 내가 잘하는 것이 무엇인지 생각하면 된다. 특히 내가 잘하면서 재미있어하는 것이면 더욱 좋다. 우리는 모두 한 가지 이상 그런 달란트를 가지고 있다. 나의 달란트를 빨리 파악하면 할수록 내 인생은 특별해진다. 그리고 내가 원하는 방향으로 나의 인생을 이끌어갈 수 있다.

달란트를 꺼낼수록 인생은 재미있어진다

직장을 그만둔 후, 워킹 홀리데이를 떠났을 때 나는 영어를 능숙하게 해내지 못했다. 단어조차 제대로 알지 못했던 내가 워킹 홀리데이를 떠났으니 얼마나 힘들었겠는가. 하지만 오히려 그런 환경이 나의 숨겨진 달란트를 파악하는 데는 많은 도움이 됐다.

나는 영어를 배워야만 했기에 일부러 한국 사람들이 많이 있는 곳은 가지 않았다. 대신 근무 환경은 열악하지만, 오직 외국인들만 있는 곳에서 아르바이트했다. 당시 내가 했던 일은 창고에서 라벨링 작업을 하는 일이었다.

이 일은 무척 고되고 힘들었다. 그래서 다른 외국인 친구들은 이 일을 시작한 지 일주일이 지나면 대부분 그만뒀다. 하지만 나는 힘들다는 생각보다는 이 장소가 영어를 배울 수 있는 최고의 장소라는 생각이 더 앞섰다. 그리고 나는 '사람들과 즐겁게 잘 어울리는 것'이라는 달란트를 갖고 있었기 때문에 창고 안에서도 그 달란트를 즐겁게 잘 활용할 수 있었다. 내가 기존에 가지고 있었던 '사람들과 즐겁게 어울리기'라는 달란트를 잘 활용하니 내게 놀라운 일이 벌어졌다. 잘하면서 재미있어하는 달란트를 낯선 환경에서 잘 사용했더니, 내게 숨겨졌던 또 다른 달란트가 보였던 것이다.

내 마음속에 숨겨져 있었던, 나도 모르고 있었던 그런 달란트가 내 속에서 '툭'하고 튀어나온 것을 알 수 있었다. 그것은 바로 나의 영어 실력이다. 나는 워킹 홀리데이를 떠나기 전 영어와는 정말 관련 없는 사람이었다. 알파벳 a, b, c 정도만 아는 수준이었다. 하지만 그랬던 내가, 기존에 내가 가지고 있었던 달란트를 잘 활용하니 영어 강사를 할 수 있을 정도의 영어 실력으로 변했던 것이다. '영어'라는 숨겨진 달란트가 워킹 홀리데이를 통해 내 마음속에서 튀어나왔던 것이다.

그 덕분에 나는 또 다른 달란트를 파악할 수 있었다. 그리고 그 달란트를 멋지게 활용할 수 있었다. 사람들과 잘 어울리는 것을 좋아했던 내게 영어 실력이라는 달란트까지 생겼으니 얼마나 행복했겠는가?

그 두 개의 달란트가 합쳐지니 나는 워킹 홀리데이를 다녀온 후, 사람들에게 영어를 가르쳐주는 일이 무척 재미있었다. 그리고 어느새 영어를 재미있게 즐기고 있는 내 모습을 발견할 수 있었다. 숨겨졌던 달란트를 찾아내니 이렇게 또 내 인생이 재미있고 활기차게 변하게 된 것이다.

그러므로 당신 또한 지금 당신에게 주어진 달란트를 잘 활용해야 한다. 달란트를 아껴둬서는 절대로 다른 숨겨진 달란트를 찾아낼 수가 없다. 만일 내가 창고 일이 힘들다는 이유로 나의 첫 번째 달란트를 사용하지 않았다면 어떻게 됐을까? 나는 아마 영어 실력을 향상시키지 못하고 한국으로 돌아왔을 것이다.

한국으로 돌아온 후, 직장을 그만뒀던 나 자신의 모습을 후회했을 것이다. 그리고 또다시 영어 실력을 향상한다는 목적으로 의미 없이 영어 학원에 다녔을 것이다. 그런 인생이 반복됐을 것이고, 그런 인생이 반복될수록 나는 끝내 나의 영어 실력 달란트를 끄집어내지 못한 채 하루하루를 살게 됐을 것이다.

나는 지금도 숨겨진 나의 달란트를 더욱 많이 끄집어내기 위해 매일 노력하고 있다. 그 노력 또한 간단하다. 지금 내가 잘 간직하고 있는 달란트들을 매일매일, 쉴 새 없이 끄집어내는 일이다. 내가 끄집어내는 만큼 나의 숨겨진 또 다른 달란트가 나오리라는 것을 나는 이미 알고 있기 때문이다.

우리 모두 자신만이 가지고 있는 달란트가 있다. 그리고 그 개수는 무한하다. 개수가 무한하다는 말은, 내가 달란트를 잘 활용한 만큼 또 다른 달란트가 내게 주어진다는 의미다. 성경에 나왔던 하인들처럼 처음 받았던 다섯 달란트만큼의 달란트를 당신도 만들어낼 수 있다. 그 다섯 달란트를 만들어냈다면, 당신은 그다음엔 열 달란트만큼의 달란트를 끄집어낼 수 있다. 그 역량은 당신이 당신의 달란트를 얼마나 많이 사용했느냐에 따라 달려 있다. 그러므로 지금 당장 당신의 달란트를 있는 대로 끄집어내라. 그리고 그것을 매일매일 사용해라. 이 세상에서 제일 미련한 사람이 달란트를 아껴두고 있는 사람이라는 것을 잊지 말고 꼭 기억하라.

7

남들과 같은 인생, 이제 그만!

남들과 똑같을수록 내 인생은 평범해진다

나는 평범한 공무원 아빠, 그리고 평범한 전업주부인 엄마 밑에서 태어났다. 그리고 나는 30년이 넘는 인생을 살면서 단 한 번도 내가 사는 지역을 벗어나 본 적이 없다. 초등학교, 중학교, 고등학교, 심지어 대학교까지 나는 집 근처에 있는 곳을 다녔다. 그렇게 나의 삶은 나의 동네라는 곳에 제한돼 있었다. 나의 삶이 제한될수록 내가 생각하고 행동하는 것들 역시 나의 동네라는 곳에 머물 수밖에 없었다.

주변에 보이는 것이 제한적이니 내가 생각하는 인생의 방향 역시 제한적일 수밖에 없었다. 그래서 나는 내 인생 최고의 행복은 초등학교 선생님이 되는 것이라고 생각했다. 그리고 초등학교 교사로서의 인생만을 산다면 나는 정말로 내 인생을 잘살고 있는 것이라고 생각했다. 제한된 사고를 했던 당시의 나로서는 그 삶이 최고로 특별한 삶이라고 여겼던 것이다. 물론 나는 누군가를 가르치는 것을 좋아하기에 내가 가진 이 달란트를 아이들에게 쓰는 것에 매우 만족한다. 그리고 나를 통해 변화되는 아이들을 보면 나 역시 흐뭇함을 느끼고, 교사로서 큰 보람을 느낀다. 하지만 정작 나에게 문제가 됐던 것은 너무나 단조로운 나의 일상이었다.

단조로운 일상이 지속되고 나니 내가 잘하는 것이 무엇이 있나 하는 고민이 들었다. 그 고민에 대한 대답은 너무나 허무하게 빨리 나왔다. '학교 업무, 아이들 지도, 학부모 상담', 3가지 외에는 내가 잘하는 것이 단 하나도 없었다. 그리고 저 3가지밖에 잘하는 것이 없으니 나의 삶이 그만큼 남들과 똑같아지고, 남들과 똑같아질수록 너무나 평범한 인생을 살고 있다는 것을 깨달을 수 있었다.

지금 당장 버킷리스트를 구체적으로 적어보자

이런 생각을 하던 중, 나는 우연히 〈MBC 스페셜〉을 보게 됐다. 30대 공무원 부부가 나왔고, 그들의 삶은 나의 인생과는 정반대였다. 그들은 파이어족을 꿈꾸며 열심히 경매를 하고 있었다. 나는 그 다큐멘터리를 보기 전, 파이어족이 무슨 뜻인지도 몰랐다. 알고 보니 '파이어족'이란 30대 말이나 40대 초반까지는 은퇴하겠다는 의미로 일찍 은퇴 자금을 마련하는 이들을 일컫는 말이었다. 그래서 그 부부는 은퇴 자금을 마련하기 위해 부지런히 경매하러 다녔고, 경매로만 받은 상가가 무려 3채가 넘게 있었던 것이다.

나는 나와는 전혀 다른 그들의 인생을 보고 갑자기 '난 뭘 하고 살았나?' 고민하게 됐다. 그들은 파이어족이라는 목표를 바라보며 남들과 다른 인생을 살고 있었다. 하지만 정작 나는 달랐다. 나는 남들과 똑같은 인생을 살고 있었다. 남들처럼 아침에 일어나서 출근하고, 오후에 퇴근하면 아이와 시간을 보내는 단조로운 하루. 그 매일의 일상을 나는 반복하면서 살고 있었던 것이다.

같은 24시간인데도 그들은 치열하게 살고 있었다. 더 나은 미래를 꿈꾸며, 그리고 지금보다 더 나은 행복을 좇기 위해서 그들은 남들과는 다른 인생을 살고 있었다. 비록 지금은 나와 같은 직업인 공무원일지라도 이미 그들의 인생은 나의 인생과 전혀 달랐다. 그들이 추구하고 그들이 바라는 삶이 나의 삶보다 이미 앞서고 있었던 것이다.

그날 나는 제대로 잠을 이루지 못했다. 그리고 내가 추구하고 있던 삶이 내가 원하던 삶이었는가 하는 고민을 하게 됐다. 그리고 나는 지금과는 다른 인생을 살아야만 한다고 느꼈다. 지금처럼 단조로운 일상, 남들과 똑같은 인생은 이제 그만 살아야겠다고 생각하게 됐다.

그 생각을 계기로 나는 다음 날, 나만의 버킷리스트를 작성해보았다. 내가 이루고 싶었지만, 아직 이루지 못했던 그런 꿈을 적어 내려갔다. 단순히 내가 하고 싶은 것을 적지 않고, 그것을 언제까지 이룰 것인지도 구체적으로 적었다. 구체적으로 적을수록 지금까지의 내 삶이 정말 평범했다는 것을 다시 한 번 느낄 수 있었다. 그리고 버킷리스트를 다 적고 난후, 나는 가장 이루고 싶은 목표가 생겼다. 남들과 같은 인생을 그만 살기 위해, 나는 반드시 꼭 이루어야만 하는 것이 생긴 것이다.

그것은 바로 작가의 삶이었다. 나는 어렸을 적부터 작가의 삶을 꿈꿨다. 그리고 내 이름으로 된 책이 이 세상에 나오는 것을 꿈꾸기도 했다. 하지만 초등학교 교사라는 삶을 살고 있으면서 그 꿈은 점점 잊혀져갔고, 내게 그런 꿈이 있었나 싶을 정도로 나 역시 남들과 같은 인생을 살아오고 있었다.

그렇게 나는 작가의 삶을 꿈꾸며 〈한국책쓰기1인창업코칭협회〉의 김도사에게 책 쓰기 과정을 배웠다. 30년 넘는 인생을 살면서 나는 내가 사는 지역을 벗어나 본 적이 한 번도 없었다. 그 말은 내가 무엇을 배우기 위해 다른 지역까지 가본 적이 없다는 것과도 같은 말이다. 책 쓰기를 배우려면 일단 하루를 전부 책 쓰기를 위한 시간으로 써야만 했다. 이동 시간, 수업을 듣는 시간, 다시 집으로 돌아오는 시간 이렇게 해서 하루를 모두 써야만 했다. 하지만 내가 책 쓰기를 위해 내가 사는 지역을 벗어나는 순간, 나는 이미 남들과는 다른 인생을 시작한 것과 똑같았다.

그래서 나는 두려움보다는 설렘이 많았다. 그리고 책 쓰기를 배우러 가는 그 길이 무척이나 설레었다. 그 길은 남들과는 전혀 다른 인생을 향한 길이었다. 다시 돌아올 때는 남들과 같은 인생이 반복됐지만, 결국 나는 남들과 다른 인생을 이미 시작했다는 자부심이 있었다.

그 결과 나는 작가가 됐다. 평범했던 내가, 평범한 초등학교 교사였던 내가 작가가 된 것이다. 남들과는 다른 또 다른 인생인 작가의 인생을 살게 된 것이다. 만일 내가 버킷리스트를 작성만 하고 실천하지 않았다면, 나는 과연 지금과 다른 인생을 살 수 있었을까?

결코, 그렇지 못했을 것이다. 실천하지 않았다면 나는 여전히 현재와 똑같은 삶을 살았을 것이며, 지금처럼 사는 대로 생각하는 인생을 살았을 것이다. 이처럼 남들과 다른 인생을 만드는 방법은 매우 간단했다. 내가 먼저 생각하고 생각한 것을 바로 실천에 옮긴 것이다. 내가 한 것은 그 한 가지뿐인데 나의 인생은 몰라보게 달라졌다.

그리고 그 한 가지 덕분에 나의 인생은 또 다른 꿈을 향해 달려 나가게 됐다. 당신 또한 남들과 같은 평범한 인생을 살아서는 안 된다. 당신만의 인생, 오직 당신의 이야기만 들어 있는 특별한 인생을 살아야만 한다. 당신이 남들과 똑같은 인생을 살고 싶지 않다면 나처럼 실천하면 된다.

실천해야만 당신의 인생이 특별해진다

당신이 원하고 꿈꾸는 비전, 꿈꾸는 목표를 생각한 후 그것을 이루기 위해 당신이 할 수 있는 것을 바로 실천하는 것이다. 단지 생각에만 머물게 된다면 당신은 절대로 당신의 삶을 바꿀 수 없다. 지금과 똑같은 인생을 살게 될 것이며, 오히려 시간이 지날수록 지금보다 더 못한 인생을 살 수도 있다. 남들보다 더 못한 인생을 살 수 있다는 말이다.

그러므로 당신 또한 당신만의 특별한 인생을 살아야만 한다. 남들처럼 똑같은, 단조로운 삶은 이제 그만 살아야 한다. 당신이 이루고 싶은 것, 이루고 싶은 그 꿈을 위해 남들과는 다른 인생을 살아야만 한다. 지금 당장 당신도 당신이 꿈꾸고 원하는 것들이 무엇인지 떠올려보라. 그리고 그것을 당장 수첩에 적어봐라. 이루고 싶은 목록만 나열하지 말고, 이루고자 하는 목표를 언제까지 이룰지 정확하게 적어봐라. 그렇게 하다 보면 당신은 그 꿈과 목표를 향해 더 빨리 행동할 수 있을 것이다. 그리고 빨리 행동하는 만큼 당신은 남들과는 다른 인생을 살게 될 것이다. 남들과 다른 인생을 살수록 당신 인생의 행복이 보일 것이며, 당신 인생의 행복이 쌓일수록 당신의 인생은 더 특별하게 빛날 것이다.

8

평범한 인생을 살지 마라

더 크게 성공해야겠다는 사명감을 느끼게 되다

지금 나는 '위닝북스' 출판사의 대표이자 동기 부여가, 강연가, 작가 등의 삶을 살고 있다. 나를 만나는 사람들은 나의 인생이 특별하다고 하면서 부러워한다. 그리고 늘 내게 "어떻게 하면 이렇게 특별한 인생을 살 수 있나요?" 하며 질문을 한다. 하지만 이 질문을 받는 나 역시, 20대는 다른 사람들과 별반 다를 바 없는 지극히 평범한 인생을 살았었다.

스무 살, 나는 가난한 집안 형편으로 고등학교를 졸업하자마자 취업을 해야만 했다. 다른 친구들은 그 당시 대학교에 다녔지만 나는 직장이라는 곳을 다녔다. 그리고 다른 친구들보다 더 빨리 직장이라는 것을 통해 월급을 받을 수 있었다. 철없던 그 당시 시절, 나는 친구들보다 더 빨리 월급을 받게 되면서 내 삶이 특별한 삶인 것처럼 느껴졌다. 그래서 매달 받는 월급을 기다리며 월급을 받기 위해 하루하루 열심히 일했다.

나는 그 당시 지긋지긋한 가난에서 벗어나는 것이 나의 목표였다. 그리고 그 목표가 나를 특별한 삶으로 만들어주리라 생각했다. 하지만 시간이 지날수록 그 목표를 향한 삶 역시 평범한 삶이라는 것을 느낄 수 있었다. 내 삶은 여전히 직장이라는 곳과 월급이라는 것에 얽매여 있었다.

나는 이렇게 사는 인생은 평범한 인생이라는 생각을 하게 됐다. 그리고 더는 평범한 인생을 살아서는 안 되겠다는 결심을 하게 됐다. 그 결심을 하고 나니 나는 더 크게 성공할 수 있겠다는 믿음이 생겼다. 또한, 더 크게 성공해야만 한다는 사명감도 느끼게 됐다.

이런 생각을 하며 특별한 삶을 위해 내가 꼭 이루어야만 하는 것이 무엇인지 떠올려봤다. 그리고 내 생각에 대한 결론은 이렇게 3가지였다.

첫째, 베스트셀러 작가가 되는 것.
둘째, 강연가가 되는 것.
셋째, TV에 직접 출연하는 것.

이렇게 3가지를 나는 반드시 이루어야만 했고 이룰 수 있다는 강한 확신이 생겼다. 나는 이 3가지를 이루기 위해 사소한 것에서부터 성공하는 습관을 들이기로 했다. 그래서 잠을 줄여가면서 나를 위한 자기 계발에 많은 시간을 들이기로 했다. 새벽에는 영어 학원에 다녔다. 그리고 저녁에는 도서관에 와서 그날 배운 내용을 복습했다.

이 사소한 행동들이 나는 조금도 피곤하지 않았다. 오히려 즐거웠다. 내가 이것들을 이뤄나갈수록 내가 그토록 원하는 꿈 3가지를 이룰 수 있을 것이라는 기대감이 더욱 커졌기 때문이다. 기대감이 커질수록 지금 내가 사는 인생이 즐거워졌다. 그리고 월급이라는 것에만 얽매이지 않는 나 자신을 발견하게 됐다. 사소한 것을 조금씩 이뤄나가던 중, 나는 200여 권의 저서를 집필했고, 교과서에 글이 수록된 책이 16권이나 되는 대한민국 대표 책 쓰기 코치 김태광에게 책 쓰기를 배우게 됐다. 그리고 나는 그토록 원하던 작가가 됐고, 나의 책 『미친 꿈에 도전하라』를 통해 내가 그토록 이루고 싶었던 3가지의 꿈을 모두 다 이룰 수 있었다.

사소한 것부터 바꾸면 인생은 달라진다

사소한 것부터 바꾸는 습관을 들였더니, 나의 인생이 몰라보게 달라진 것이다. 그래서 나는 지금 특별한 삶을 살고 있다. 그리고 그 특별한 삶은 내가 그토록 꿈꿨던 삶이다. 나의 특별한 삶을 만들기 위해 나는 작은 것부터 실천했고, 그 실천이 쌓이니 내가 꿈꿨던 것들에 한 발짝 다가간 것이다. 지극히 평범했던 나라는 사람도 원했던 것을 이룰 수 있었다. 그 말은, 스스로가 평범하다고 느끼고 있는 당신도 남다른 인생을 만들 수 있다는 말이다. 그게 지금 당장 당신이 해야 할 일이다. 오직 당신만의 무대를 만들어야 하고, 조연이 아닌 주연의 삶으로 인생을 살아야 하는 것이다.

주연의 삶을 만들기 위해서는 과거의 내가 그랬듯이 당신 또한 반드시 이루고 싶은 꿈이 있어야만 한다. 그리고 그 꿈을 이루기 위해 사소한 것부터 조금씩 실천하는 습관을 들여야만 한다. 그 과정에서 성공이라는 것도 맛봐야 한다. 그래야만 당신이 당신만의 인생 무대를 만들 수 있고, 그 가운데 주연으로 당신이 설 수 있는 것이다.

사소한 것들을 준비하는 과정은 마치 당신만의 무대에 필요한 것들을 준비하는 것과 같다. 연극을 할 때 조명, 무대장치, 무대 등이 필요하듯이 당신만의 무대 또한 오직 당신만을 위해 필요한 것들을 넣어놔야만 한다. 그 필요한 것이 바로 사소한 것들을 이뤄나가는 과정이다. 당신이 하나씩 성공을 할수록 오직 당신 무대에 필요한 것들이 조금씩 차곡차곡 모이기 시작하는 것이다. 그렇게 당신 무대에 필요한 것들이 모두 다 세

팅이 된다면 이제 당신은 당신의 무대를 즐기면 된다. 그 무대는 오직 당신만의 것이기 때문이다. 당신이 이루고 싶은 꿈, 당신이 살고 싶은 인생 등 모든 것을 다 그 무대에서 마음껏 펼치면 된다.

이미 다른 사람이 만들어놓은 인생이라는 무대에서 조연으로 산다는 것은 너무나 슬픈 인생이다. 그리고 그 인생은 평범한 인생이다. 조연으로 살수록 나라는 사람은 점점 없어지고, 나라는 사람이 없어질수록 나도 그만큼 평범한 인생을 살아가게 된다. 그러므로 절대로 당신의 꿈을 잊어서는 안 된다. 그리고 포기해서도 안 된다. 오직 그 꿈을 좇는 인생을 살아야만 한다. 당신이 이 세상에 태어난 이유는 조연이 아닌 주연의 삶을 살기 위해 태어났기 때문이다. 지금 현재의 인생은 평범할지라도, 당신이 오직 당신만의 꿈을 바라보며 살아간다면 당신의 인생은 충분히 달라질 수 있다.

과거의 내가 20대 때 평범한 인생을 살았지만, 지금은 내 무대에서 주연의 삶을 누리고 있듯이, 언젠가는 당신도 분명히 당신만의 무대에서 주연으로서의 인생을 살 수 있다. 당신이 오직 그 꿈을 바라보며, 그 꿈을 위해 하루하루를 살아간다면 말이다. 물론 평범한 삶을 벗어나기 위해서는 그만큼의 아픔이 닥칠 수 있다. 그리고 내가 감당하기 벅찰 만큼의 시련에 맞닥뜨릴 수도 있다. 하지만 그 시련을 계기로 꿈을 과감하게 접는다면, 당신은 계속해서 평범한 인생을 살아야만 한다. 마치 그리스 신화의 시시포스처럼 평범한 인생이라는 돌에서 벗어나고 싶지만, 결국은 다시 또 평범한 인생이라는 돌을 영원히 산 정상으로 밀어 올려야만 하는 형벌과도 같은 삶을 반복해서 사는 것과도 같은 것이다.

하나뿐인 인생을 당신은 '평범한 인생'이라는 돌을 계속해서 형벌처럼 나르고 싶은가? 죽기 직전까지 오직 그 돌 하나만을 언덕 위로 올려야만 하는 삶을 살아야만 하는가? 단언컨대, 당신이 당신의 꿈을 향해 발을 돌리지 않는 한 당신은 영원히 그 평범한 돌을 올려야만 할 것이다. 남들처럼, 그저 평범하게 그렇게 계속해서 살게 될 것이라는 말이다.

당신은 오직 당신만을 위해 준비된 무대를 만들어야만 한다. 그리고 그 무대에 필요한 장비 역시 당신 스스로 준비해야 한다. 제대로 준비하고, 철저하게 준비할수록 당신은 그 무대에서 맘껏 뛰어놀 수 있다. 그래야 당신이 원하는 방향으로, 그 어떤 것으로라도 당신의 인생을 바꿀 수 있다. 당신만의 무대를 만들려면 당신은 반드시 당신만의 꿈을 생각해야 한다. 그리고 그 꿈을 이루기 위해 할 수 있는 사소한 것들을 당장 오늘부터 실천해야만 한다. 당신이 실천한 만큼 당신의 무대는 완벽하게 준비될 것이며, 당신이 꿈을 향해 달려가는 만큼 당신은 당신만의 인생에서 멋진 주연의 삶을 누릴 수 있을 것이다.

1
체 게바라

"많은 이들이 저를 모험가라고 부르겠지만, 저는 다른 류의 모험가입니다. 자기 의견을 증명하기 위해 목숨을 거는 모험가입니다."

체 게바라는 어릴 적 천식을 앓았지만 이에 굴복하지 않고 의사가 됐다. 그리고 의사가 된 후, 체 게바라는 라틴 아메리카를 오토바이를 타며 행복한 여행을 했다. 라틴 아메리카 여행은 의사였던 체 게바라에게 있어서 그의 인생, 꿈, 도전에 대한 생각을 하게끔 만든 여행이었다.

그가 여행하며 생각을 바꾸게 된 계기는 라틴 아메리카 민중들의 참담한 몰골, 현실을 그의 두 눈으로 직접 목격하게 되면서였다. 그리고 그 현장을 보면서 충격을 받고, 동시에 많은 생각을 하게 됐다. 그렇게 그는 여행하며 의사의 전문성을 발휘해 환자들의 상처를 치료했다.

민중의 상처를 치료하며 그는 의사라는 명예보다 민중의 편에 서야겠다는 확신을 갖게 됐다. 그래서 그는 과감하게 의사를 포기하고 민중의 해방을 위해 온 열정을 다해 싸웠다. 그렇게 그는 1959년 쿠바혁명을 성공적으로 이끌었다.

체 게바라의 삶은 꿈과 열정이 없는 청년들을 향해 이렇게 외칠 수 있다. "불가능한 꿈을 가져라."라고 말이다. 그는 안정적인 신분, 명예로운 의사라는 직업을 버리고 과감히 꿈을 향해 달려갔다. 바로 혁명이라는 꿈이었다. 그는 꿈을 향해 그의 목숨을 바쳤다. 당신은 지금 당신의 목숨과 바꿀 정도의 그런 꿈을 당신 마음속에 품고 있는가?

2 장

좋아하는 것과

잘하는 것은 다르다

삶의 우선순위를 정하라

제때 정리하지 않는 인생은 내 목표를 바라볼 수 없게 된다

아침에 일어난 뒤, 오늘 입을 옷을 고민하고 있다. 이 옷을 입을까, 저 옷을 입을까 고민하다가 "왜 이렇게 입을 옷이 없지?" 하고 투덜거리게 된다. 그러고선 다시 또 옷을 산다. 입을 옷이 없다는 핑계를 대면서 말이다. 하지만 나중에서야 옷 정리를 할 때 새로 산 옷과 비슷한 종류의 옷을 옷장에서 발견하게 된다.

"아, 맞다. 이 옷 저번에 내가 샀었지. 괜히 샀네. 진작 옷 정리 좀 할 걸." 하면서 비슷한 종류의 옷을 산 자신을 후회의 눈으로 바라보게 된다. 하지만 이런 투덜거림도 잠시, 또다시 옷장 정리는 하지 않고 옷이

없다는 핑계를 대며 새로운 옷을 또 사기 시작한다. 혹시 당신의 이야기
가 아닌가?

나 역시 이와 비슷한 경험을 한 적이 종종 있다. 가디건이 없다는 이유
로 가디건을 샀는데, 옷장을 정리해보니 비슷한 종류의 가디건이 나온
적이 있다. 혹은 청바지를 샀는데, 비슷한 느낌의 청바지가 옷장 저 깊숙
이 처박혀 있는 모습을 발견한 적이 종종 있다. 분명 예전에 샀던 옷들인
데 우리는 왜 기억하지 못하고 다시 또 사는 것일까? 그것은 바로 정리하
지 않는 우리의 잘못된 습관 때문이다. 제때 정리를 해야만 우리는 어디
에 어떤 옷이 있는지 바로 알 수 있다. 하지만 정리를 하지 않는 순간 모
든 옷은 뒤엉키게 되고, 어디에 어떤 옷이 있는지 파악할 수가 없게 된
다.

우리의 인생도 마찬가지다. 제때 정리를 하지 않으면 목표를 향해 나
가는 인생을 살지 못하게 된다. 이것저것 뒤엉키고 또 뒤엉켜서 무엇이
제일 중요한 것인지 깨닫지 못하게 되는 것이다. 그래서 중요한 시간을
필요 없는 곳에 낭비하게 되고, 그 낭비한 만큼 내 인생의 발전이 없는
것이다. 나의 귀중한 시간을 자질구레한 일들을 처리하는 데 허비하게
되는 것이다. 그러므로 우리는 내 인생을 잘 정리해야 한다. 자질구레한
것들에 아까운 내 시간을 낭비하지 않게 반드시 정리를 잘해야만 한다.

정리를 잘한다는 말은 내 삶의 우선순위를 정하는 것과도 같다. 내 인생에서 가장 중요한 것이 무엇인지, 그리고 굳이 하지 않아도 되는 것이 무엇인지를 반드시 정해야만 한다. 그래야만 꿈을 향한 인생을 살 수 있고, 꿈을 향한 인생을 살아야만 온전히 내 삶을 즐길 수 있게 되는 것이다. 그렇다면 우리는 삶의 우선순위를 어떻게 정해야 할까?

나의 간절한 꿈을 자꾸 떠올리는 것이 삶의 우선순위이다

첫째, 내가 간절하게 이루고 싶은 꿈이 무엇인지 생각한다. 먼저 간절한 나의 꿈을 생각해야 한다. 그리고 그것을 항상 내 인생의 제일 중요한 부분에 넣어놔야 한다. 그래야만 자질구레한 것들이 내 인생이라는 곳에 스며들지 못하게 된다. 내가 간절하게 이루고 싶은 꿈은 나의 직업이 될 수 있다. 혹은 행복한 가정을 꾸리는 것일 수도 있다. 무엇이 되든 좋다. 내 인생을 살면서, 정말로 내가 행복하게 사는 데 필요한 꿈이 무엇인지 간절하게 생각해야 한다.

나의 간절한 꿈을 자주 떠올릴수록 내 삶의 우선순위를 정하는 데 많은 도움이 된다. 그리고 자주 떠올리는 만큼, 내 삶의 방향이 다른 방향으로 새어 나가지 않도록 막을 수 있다. 나 역시 고등학교 시절부터 초등학교 선생님이 되고 싶다는 꿈을 꿨다. 하지만 그 당시, 나의 성적은 좋지 못했다. 고등학교 내 성적으로는 교육대학교에 간다는 것은 하늘의 별 따기만큼 힘든 과업이었다. 비록 형편없는 성적이었지만, 나는 항상 내 인생의 중심을 '초등학교 선생님'이라는 것에 자리를 내줬다. 그리고 결국 나는 그 꿈을 이뤘다. 내가 이룰 수 있었던 이유는 내 삶의 중심에 내가 그토록 원하던 꿈이 많은 부분을 차지했기 때문이다. 그 덕분에 나는 1년 동안 혼자 공부하기라는 길을 선택하게 됐고, 그 결실로 교육대학교에 들어가게 됐다.

만일 내가 그 꿈에 많은 에너지를 쏟지 않았다면 내가 꿈을 이룰 수 있었을까? 나는 분명 꿈을 이룰 수 없었을 것이다. 내 꿈에 많은 자리를 내줬다는 것은, 다른 불필요한 것들이 내 삶에 끼어들지 못하게 막는 것과도 같다. 그래서 나는 그 꿈에 방해되는 것들은 일절 나의 삶에 들어오지 못하게 했다. 철저히 차단했다. 그 덕분에 나는 내 삶의 제일 중요한 꿈을 1순위에 둘 수 있었고, 나의 모든 행동과 생각이 오직 그 꿈을 바라보며 달려가게 됐다. 그러므로 삶의 우선순위를 정할 때는 반드시 내가 원하는 꿈이 무엇인지 생각해야 한다.

이 세상에서 제일 어리석고 불쌍한 사람은 가난한 사람이 아니다. 바로 꿈이 없는 사람이다. 자신의 삶에 꿈이 없다는 것은, 그만큼 불필요한 것들이 내 인생의 대부분을 차지하게 된다는 것과도 같다. 그리고 그것이 마치 자신의 삶인 것처럼 여기며 아까운 시간을 속절없이 날리게 되는 것이다.

둘째, 아침에 일어나자마자 오늘 해야 할 일들의 우선순위를 정한다. 매일 아침에 일어나서 그날 해야 할 일들의 우선순위를 정하는 것은 매우 중요하다. 이 작은 행동이 나중에는 결국 습관이 되고, 이 습관이 쌓여서 내 인생이 만들어지는 것이다.

하루에 해야 할 일의 우선순위를 정하지 않으면, 그날 하루를 우왕좌왕하면서 보내게 된다. 그리고 마치 해야 할 일이 없는 것처럼 한가하고 지루한 하루를 보내게 된다. 특별한 인생, 멋진 인생을 사는 사람들은 24시간을 함부로 쓰지 않는다. 1분 1초도 허투루 쓰지 않고, 더 나은 인생을 위해 최선을 다해서 시간을 사용하고 있다. 그만큼 자기 삶의 우선순위를 알고 있다는 것이다.

그러므로 아침에 일어난 순간, 제일 먼저 당신이 해야 할 일은 그날 해야 할 일들의 우선순위를 정하는 것이다. 매일 이런 습관을 들이면 당신 또한 어느 순간, 24시간이라는 시간이 부족하다는 느낌이 들 것이다. 그리고 부족하다는 생각이 드는 만큼 24시간이라는 시간을 최선을 다해서 하루를 보내는 당신의 모습을 발견할 것이다.

셋째, 1년 단위로 내가 반드시 해야 할 일들을 정리한다. 나의 꿈이 내 삶의 큰 돌이라면 하루에 해야 할 일의 우선순위는 모래와도 같다. 그리고 큰 돌과 모래 사이를 채워주는 작은 자갈이 바로 1년 단위로 내가 해야 할 일들이다. 이 자갈이 나의 큰 돌과 모래의 빈틈을 메우는 일을 해준다.

우리 모두 버킷리스트라는 것을 가지고 있다. 하지만 그 버킷리스트를 모호하게 쓴다면, 그것을 언제 어느 시기에 이룰지 알 수 없게 된다. 그렇게 되면 '버킷리스트'라는 명목만 있을 뿐이지, 정작 내 삶에 아무런 도움도 되지 못한다. 버킷리스트를 적었지만 내 삶이 전혀 달라지지 않는 것이다. 그러므로 1년 단위로 내가 꼭 해야 할 일들을 적는 습관을 들이는 것이 좋다. 1년 단위로 내가 해야 할 일을 정리하면, 한 해를 살 때 그 목표를 향해 달리게 된다. 그리고 나의 1년이라는 시간을 그 목표를 위해 사용하게 된다. 즉 낭비하는 시간 없이, 그 목표를 위한 1년의 세월을 사용하게 되는 것이다. 이 작은 자갈들이 매해 쌓이면, 내 인생이 조금씩 채워지기 시작하고 내 인생이 채워지는 만큼 꿈이라는 큰 돌로 변하게 되는 것이다.

1년 단위로 내가 꼭 해야 할 일들을 굳이 새해가 돼서 쓰지 않아도 된다. 오늘을 기점으로 1년 동안 내가 꼭 해야만 할 일들을 생각해서 적으면 된다. 무엇이든 구체적일수록 좋다. 내가 구체적으로 적은 만큼 나는 1년이라는 시간을 최선을 다해서 쓸 것이다. 그리고 365일이라는 시간을 목표를 위한 우선순위를 잘 정해서 시간을 알차게 쓰게 될 것이다.

나의 인생을 살 때 우선순위를 정하는 것은 매우 중요하다. 나의 우선순위를 정한다는 것은 결국 나의 꿈을 향한 인생을 사는 것과도 같은 의미다. 나의 꿈은 내 인생의 큰 돌이다. 그 돌이 만들어지는 과정을 비유하자면, 작은 모래가 먼저 모인 후에 하나의 자갈이 완성되는 것과도 같다.

즉 하루하루 우선순위를 정하는 삶이 모래라면, 1년 단위의 우선순위를 정하는 것이 자갈이 되는 것이다. 모래가 자갈이 되고 그 자갈이 계속 쌓이다 보면 어느새 당신 인생의 돌이 생길 것이다. 즉 당신이 원하는 꿈을 이룬 삶을 살게 된다는 말이다. 그러므로 당장 오늘부터 오늘 해야 할 일의 우선순위를 정하자. 그리고 그것을 매일 실천하자. 매일 실천하면서 1년 단위의 우선순위 또한 함께 정한다면, 당신은 분명히 당신의 꿈과 함께 사는 당신을 발견할 것이다.

2
_____

좋아하는 것과 잘하는 것의 한 끗 차이

취미와 특기를 왜 구분하는 것일까?

"○○씨, ○○씨의 취미는 뭐예요?"
"○○씨, 자기소개서에 특기를 적어주세요."

우리가 누군가와 대화를 나누거나, 자기소개서를 작성하는 종이를 받으면 항상 빠지지 않고 이야기하거나 적는 내용이 있다. 바로 나의 취미와 특기다. 왜 군이 취미라는 단어와 특기라는 단어를 써서 둘을 구분하는 것일까? 그 차이점이 도대체 무엇이기에 이렇게도 구분해서 말해야만 하는 것일까?

둘의 차이점을 비교하자면, 먼저 '취미'란 전문적으로 하는 것이 아니라 즐기기 위해 하는 일을 뜻한다. 그리고 '특기'란 남이 가지지 못한 특별한 기술이나 기능을 뜻한다. 즉 한마디로 취미는 내가 좋아하는 것을 뜻한다. 그리고 특기란 내가 잘하는 것을 의미한다.

　때로는 취미가 특기가 되기도 한다. 좋아하는 것을 잘하는 것과도 같다. 하지만 분명한 것은 좋아하는 것과 잘하는 것에는 분명한 차이가 있다는 것이다. 그 차이점은 도대체 무엇일까? 일단 좋아하는 것은 말 그대로 내가 좋아하는 모든 것들을 뜻한다.

　드라마를 보는 것을 좋아하는 사람이라면 드라마 보기가 하나의 좋아하는 것이 된다. 또는 친구들을 만나서 대화하는 것을 좋아한다면 친구 만나기라는 행동이 하나의 좋아하는 것이 된다. 이런 것을 우리는 좋아한다고 말하지 잘한다고 말하지는 않는다. 즉, 드라마 보는 것을 잘한다고 말하는 사람은 없다. 그리고 친구를 만나서 수다 떠는 것을 잘한다고 말하는 사람은 없다. 이 모든 표현을 우리는 좋아한다는 말을 사용해서 표현하는 것이다.

　잘한다는 것은 남이 가지지 못한, 나만 가진 특별한 기술과 기능을 의미한다. 그래서 남보다 더 뛰어나게 잘하거나, 남보다 더 잘하는 재주를 우리는 잘하는 것이라고 말한다. 내가 남들보다 그림을 더 잘 그린다면 "내가 잘하는 것은 그림 그리기야."라고 말한다. 또는, 남들보다 피아노를 더 잘 친다면 "내가 잘하는 것은 피아노 치기야."라고 말한다. 이렇게 잘한다는 표현을 쓰는 것은 곧 내가 좋아하는 것을 될 수도 있다. 그림 그리기를 잘하는 사람은 그림 그리는 것을 좋아할 수도 있다. 또한, 피아노를 잘 치는 사람은 피아노 치는 것을 좋아할 수 있다.

좋아하는 것, 잘하는 것의 차이점을 아는 것은 중요하다

이처럼 잘하는 것이 좋아하는 것이 될 경우는 많지만, 좋아하는 것이 전부 다 잘하는 것은 아니다. 그래서 이 둘의 차이점을 우리는 분명히 알아야만 한다. 둘의 차이점을 아는 것은 매우 중요하다. 왜냐면 좋아하는 것과 잘하는 것을 대할 때의 우리 마음가짐, 행동에 분명한 차이점이 있기 때문이다.

내가 좋아하는 것을 할 때는 내가 그것을 대하는 마음가짐, 나의 행동에 별다른 차이점이 존재하지 않는다. 예를 들어, 나는 드라마 보는 것을 좋아한다. 그런데 굳이 드라마를 더 효율적으로 잘 보기 위해 꼭 또 다른 기술을 갖춰야 할 필요도 없고, 그럴 필요성도 느끼지 않는다. 그냥 텔레비전을 틀어서 드라마를 보거나, 핸드폰 어플을 사용해서 드라마를 보면 된다. 더는 큰 노력을 들일 필요가 없다. 그만큼 똑같은 행동을 그냥 반복적으로 하면 된다.

하지만 잘하는 것을 대하는 우리의 마음가짐과 행동에는 분명한 차이점이 있다. 우리가 잘하는 것을 한 번 할 때와 두 번 했을 때의 마음가짐은 다르다. 예를 들어 피아노를 쳤을 때, 유독 매끄럽게 연주되지 않는 부분이 있다면 두 번째로 연주를 했을 때는 그 부분을 더 신경 쓴다. 나의 손가락, 건반에 더하는 힘의 강도 등을 생각하면서 연주를 하게 되는 것이다. 즉 더 효율적인, 그리고 더 완벽함을 추구하기 위해 계속해서 더 발전하는 것이다.

그래서 좋아하는 것을 5년, 10년을 했다고 해도 좋아하는 것에 대한 내 태도에는 달라지는 것이 전혀 없다. 그냥 똑같은 행동을 반복적으로 하면 된다. 즉, 더 나은 기술, 노력을 해야 하지 않는다는 말이다. 하지만 잘하는 것을 5년, 10년을 한다면 그 시간에는 분명한 차이점이 존재한다.

잘하는 것을 5년 했을 때와 잘하는 것을 10년 했을 때의 완벽함은 당연히 10년을 했을 때 더욱 두드러진다. 그 이유는 우리는 잘하는 것을 더욱 잘하고 싶은 강한 욕구와 열망이 있기 때문이다. 그래서 잘하는 것은 세월이 지날수록 더 잘하게 된다. 그리고 더 잘하게 될수록 그 분야의 전문성을 띠게 된다. 그러므로 내가 좋아하는 것과 잘하는 것이 무엇이 있는지 분명하게 아는 것이 중요하다. 단지 좋아하는 것을 내가 잘하는 것으로 생각하는 사람들이 있는데 그것은 엄연한 착각이다. 잘한다는 말은 1년 전에 그것을 대했을 때보다 훨씬 더 많은 발전이 있어야만 내가 잘하는 것이 된다.

아직 내가 무엇을 좋아하고 무엇을 잘하는지 모르겠다면 지금부터라도 명확하게 구분을 하고 알아야만 한다. 그래야만 나의 진로, 나의 꿈을 명확하게 그릴 수 있기 때문이다. 둘을 확실하게 구분 짓지 못한다면, 내가 좋아하는 것이 마치 나의 꿈인 것처럼 착각하게 된다. 그래서 좋아하는 것을 좇는 삶을 살게 된다.

앞에서도 언급했지만 좋아하는 것만 하려고 하다 보면 그것을 더 잘하기 위한 기술이나 능력의 필요성을 느끼지 못하게 된다. 그래서 단순히 좋아하는 것을 무심코 반복적으로만 하게 된다. 반복적으로 자주 한다는 것은 잘하게 됐다는 의미와는 다르다. 말 그대로 그 행동을 그냥 반복적으로만 하게 되는 것뿐이다.

이렇게 반복적으로만 하다 보면 시간이 흐르고 세월이 지나도 더 나은 발전이 없다. 그냥 예전과 똑같을 뿐이다. 그래서 그 행동을 반복하다 보면 결국 지루함을 느끼게 된다. 지루함을 느낄수록, 그리고 시간이 지날수록 그 행동을 하는 것이 지루한 일상의 연장선인 것처럼 느껴지게 된다.

이런 생각이 들게 되면 자신의 모습이 예전과 달라진 것이 없다고 생각하게 된다. 그리고 그 생각은 내 삶에 조금도 발전이 없다는 생각으로까지 이어진다. 그래서 발전이 없는 자신의 모습에 실망하게 되고, 실망이 쌓일수록 슬럼프라는 것이 찾아오게 된다.

처음부터 자신이 좋아하는 것을 택했기 때문에 그런 결과를 가져온 것인데, 마치 자신의 삶이 잘 풀리지 않는 것처럼 착각하게 된다. 그래서 자신보다 더 잘나가는 사람들을 부러워하게 되고, 결국에는 그들과 끊임없는 비교로 자신의 삶을 원망하게 된다.

그러므로 내가 잘하는 것을 잘 알아야만 한다. 그리고 내가 잘하는 것이 곧 내가 좋아하는 것이 될 수도 있다. 누군가에게 지식을 전달하는 것을 좋아하는데, 그것 또한 잘한다면 그게 바로 내 꿈의 직업이 되는 것이다. 그래서 잘하는 것과 좋아하는 것의 교집합을 찾는 것도 앞으로의 내 인생을 생각한다면 무척 좋다. 나에게 많은 도움이 된다. 특히 행복한 삶을 꿈꾼다면 말이다. 즉 둘의 교집합을 찾게 되면, 내가 잘하는 것이면서도 내가 좋아하는 것이기 때문에 더 즐겁고 행복하게 할 수 있게 된다.

　좋아하는 것은 말 그대로 내가 좋아하는 것이다. 그래서 내가 좋아하는 모든 것들이 다 내가 잘할 수 있는 것이 될 수는 없다. 반면에 잘하는 것은 내가 정말로 남들보다 더 뛰어난 재능과 기술을 가진 것을 뜻한다. 그래서 내가 잘하면서도 동시에 그것을 좋아할 수도 있다. 그러므로 내 꿈을 향한 인생을 살고 싶다면 반드시 내가 좋아하는 것, 잘하는 것을 구별해야만 한다. 또한, 내가 잘하면서 좋아하는 것은 무엇이 있는지도 반드시 찾아야만 한다. 그래야만 내 삶에 발전이 있으며, 내 삶에 발전이 있을수록 더 나은 내일을 꿈꾸는 인생을 살게 되는 것이다. 명심하자. 좋아하는 것과 잘하는 것에는 분명한 한 끗 차이가 존재한다는 것을 말이다.

3
_____

내가 가장 잘할 수 있는 것을 찾아라

잘하는 것을 찾아서 내 것으로 만들어야만 한다

'월트 디즈니'는 우리에게 굉장히 익숙하고 친근한 이름이다. 월트 디즈니를 생각하면 미키마우스, 미니마우스가 떠오를 것이다. 월트 디즈니는 어렸을 적부터 그림 그리는 것을 좋아했고 즐겨했다. 그래서 월트 디즈니는 틈날 때마다 석탄 조각으로 그림을 그리며 놀았다.

월트는 그렇게 하루 대부분 시간을 그림 그리는 일에 투자했고, 결국 그림 그리는 것과 관련된 직업을 얻게 됐다. 그는 광고 회사에 들어가서 수백 장의 그림을 그렸으며, 매일 그림을 그리고 있는 자신의 모습에 매우 행복했다. 그렇게 그림 그리는 일에 몰두했던 월트는 자신의 이름으로 '월트 디즈니'라는 회사를 세우게 됐다. 그렇게 해서 남녀노소 누구나 좋아하는 미키마우스가 그 회사를 통해 탄생하게 된 것이다.

월트는 어렸을 적부터 좋아하는 일, 특히 자신이 잘하는 일이 무엇인지 금방 파악했다. 그것은 바로 그림을 그리는 일이었다. 그래서 그는 대부분 시간을 그림을 그리는 데 활용했다. 그리고 그의 그런 노력 덕분에 우리는 미키마우스라는 귀여운 캐릭터를 지금도 볼 수 있는 것이다.

월트처럼 우리 또한 잘하는 것을 찾아야만 한다. 월트처럼 잘하는 것을 찾아서 그것을 내 것으로 만들어야만 한다. 그렇다면 왜 우리는 내가 가장 잘할 수 있는 것을 찾아야만 할까? 바로 내가 잘하는 것만큼 열정을 쏟을 수 있는 것은 없기 때문이다.

지금 내가 잘할 수 있는 것은 곧 그만큼 내가 꾸준한 노력을 들여서 했다는 것을 증명하는 것과도 같다. 나의 시간 대부분을 그것을 위해 투자했다는 말과도 같은 것이다. 월트가 그림을 잘 그릴 수 있었던 이유는 대부분 시간을 그림을 그리는 데 투자했기 때문이다. 그리고 그가 대부분 시간을 투자할 수 있었던 이유는 그만큼 그림에 대한 열정이 가득했기 때문이다.

지금 당신이 잘하고 있고, 잘할 수 있는 것은 당신 또한 그만큼 열정을 들여 당신의 에너지를 쏟았다는 의미와도 같다. 만일 지금 당장 내가 잘하는 것이 무엇인지 모르겠다면, 당신의 시간 대부분이 무엇을 위해 사용되고 있는지 생각하면 된다. 그럼 그게 곧 내가 잘하는 것이다.

하지만 누군가는 분명 이렇게 말할 수 있다.

"하루 대부분 시간을 무엇을 위해 쓴 적도 없고, 저는 딱히 잘하는 게 없는 것 같습니다."

라고 말이다. 그렇다면 이런 경우는 이제부터라도 잘하는 것을 만들면 된다. 잘하는 것을 만들고 싶다면 일단 지금 당장 하고 싶은 것을 떠올리면 된다. 20대가 지나가기 전, 지금 당장 내가 하지 않으면 평생 후회할 것만 같은 그런 일을 생각하면 되는 것이다. 그리고 지금 당장 하고 싶은 일이 떠올랐다면, 과감하게 저지르면 된다.

지금 당장 하고 싶은 것을 떠올려라

나 역시 20대 시절, 평범한 직장인 시절에는 내가 잘하는 것이 무엇인지 몰랐다. 그래서 내가 잘하는 것이 무엇인지 알기 위해 다양한 자기 계발을 하러 다녔다. 새벽에는 영어 학원에 다니고, 저녁에는 도서관을 다니며 열심히 공부했다. 공부하면 분명히 내가 잘하는 것이 눈에 보이리라 생각했다. 하지만 단순히 '잘하는 것을 찾기'에 목표를 두니, 매일 내가 반복해서 하는 것은 공부가 전부였다.

이런 일상에 조금씩 지쳐갈 때, 나는 문득 영어를 미치도록 배우고 싶다는 강한 열망을 갖게 됐다. 영어를 잘하지 못했지만, 지금 당장 영어를 배우지 않으면 평생 후회할 것만 같은 생각이 들었다. 그리고 제대로 된 영어를 배우고 싶다는 내 생각은 외국에 나가고 싶다는 생각으로까지 변하게 됐다. 하지만 그 당시 나는 직장을 다니고 있었다. 그 말은 내가 외국으로 나가려면 직장을 그만둬야만 하는 상황이 발생할 수도 있다는 말과도 같은 의미였다.

나는 고민에 고민을 거듭했다. 하지만 일단 저지르고 보자는 의지가 강했다. 다행히 엄마는 이런 나의 마음을 이해해줬고, 그 덕분에 나는 과감하게 직장을 그만둔 후, 영어 공부를 위해 필리핀, 호주, 뉴질랜드로 떠나게 됐다.

영어를 배우고 싶다는 강한 열정만큼 나는 생존 영어를 위해 치열하게 노력했다. 한국인들과는 일절 어울리지 않았다. 그리고 영어를 배울 수 있는 아르바이트라면 무엇이든 마다하지 않고 했다. 강한 나의 열정은 그렇게 나를 영어 공부 잘하기라는 목표에 조금씩 도달하게 해주었다. 그 후, 나는 외국을 다녀온 후 종로의 한 영어 학원에서 대학생, 직장인을 대상으로 영어를 가르칠 수 있게 됐다. 그만큼 나의 영어 실력이 향상됐으며, 그것이 바로 내가 잘하는 것이 됐던 것이다.

나 또한 내가 영어를 잘할 수 있으리라고 상상조차 하지 못했다. 단지 나는 외국에 나가지 않으면 평생 후회할 것 같은 마음이 컸기 때문에 워킹 홀리데이를 떠났던 것이다. 하지만 과감하게 저지르고 났더니, 시간이 지나고 나서 내가 잘하는 것이 영어라는 것을 나는 깨닫게 됐다.

과감하게 저지르고 당신의 열정을 쏟아라

당신 또한 잘하는 것이 없다는 핑계로 시간을 낭비해서는 안 된다. 하루하루를 사는 대로 생각해서는 안 된다. 잘하는 것이 없다면 20대 시절의 나처럼 직접 만들면 된다. 정말로 간절히 원하고 꿈꾸는 것을 떠올리면서 그것을 내 것으로 만들면 되는 것이다.

일단 먼저 과감하게 저질러라. 그리고 그것이 내 것이 됐다고 생각하면서 매 순간, 모든 열정을 그것을 위해 투자해라. 당신의 시간이 투자된 만큼 그것은 결국 당신의 것이 될 것이고, 당신의 것이 됐다는 것은 그 일을 당신이 그만큼 잘하게 됐다는 것과도 같다.

워킹 홀리데이를 떠나지 않았다면 내가 감히 영어를 가르칠 수 있었겠는가? 결코, 불가능했을 것이다. 당시 나는 이것저것 재지 않고 과감하게 직장을 그만뒀다. 그리고 내가 하고 싶고 내가 원하는 것을 향해 떠났다. 그 덕분에 내가 잘할 수 있는 것을 찾게 된 것이다.

여러분 또한 20대 때의 나처럼 잘하는 것을 찾을 수 있다. 20대는 무엇이든 다 해낼 수 있는 나이다. 그리고 무엇이든 꼭 해야만 하는 나이다. 남들보다 더 빨리 내가 잘하는 것을 발견할수록, 당신의 인생은 더 특별해질 수 있다. 그리고 그만큼 당신의 일에 즐거움을 느끼고, 열정을 갖고 해낼 수 있다.

잘하는 것을 찾지 못하게 되면 결국 남들처럼 평범한 인생으로 향하게 된다. 내가 잘하는 것을 발견하지 못하면 결국 남들이 다들 생각하는 안정적인 직업을 찾게 되고, 그것이 마치 내가 잘하는 일인 것처럼 생각하며 살게 된다.

하지만 막상 그런 일이 당신의 평생 직업이 된다면 당신은 당신의 인생을 온전히 즐기지 못할 것이다. 그 일은 당신이 원하는 일이 아닐 뿐만 아니라, 당신의 열정을 쏟을 만큼 잘하는 일이 아니기 때문이다.

이렇게 남들과 비슷한 길을 가고, 남들과 비슷한 직업을 갖게 된다면 삶의 진정한 행복을 찾지 못하게 될 것이다. 또다시 남들처럼 주말만을 바라보는 삶을 살게 될 것이다. 그리고 그만큼 당신의 인생이 지루하고 재미없다는 생각이 들 것이다.

당신은 반드시 당신이 잘하는 것을 찾아야만 한다. 잘하는 것을 찾아서 대부분의 시간을 그것을 위해 쏟아야 한다. 그만큼 당신의 열정을 다해야 한다. 만일 지금 당신이 잘하는 것을 찾지 못했다면, 지금 이 순간 당장 하고 싶은 일을 과감하게 저지르면 된다. 어떤 후회도 미련도 없이 과감하게 저지르면 된다. 그럼 그 일에 많은 열정과 시간을 쏟는 당신을 발견하게 될 것이고, 당신이 쏟은 에너지만큼 결국 그 일은 당신이 잘하는 일이 될 것이다. 그러므로 우물쭈물하며 시간을 낭비하지 말고 당장 잘하는 것을 발견해라. 그리고 잘하는 것을 만들어라. 그렇다면 당신의 인생은 남들과 다른 인생을 살게 될 것이다.

나에 대해 잘 아는 것도 실력이다

나에 대해 잘 아는 것은 매우 중요하다

토머스 에디슨은 하루 대부분 시간을 연구를 하는 데 쏟았다. 무려 20시간이라는 시간을 연구에만 몰두한 것이다. 그가 20시간이라는 어마어마한 시간을 연구에 쏟을 수 있었던 비결은 무엇일까? 그것은 바로 토머스 에디슨은 이미 어렸을 적부터 자신에 대해 철저하게 잘 알았기 때문이다. 이미 그는 어렸을 적부터 자신에게 남다른 발명의 재주가 있다는 것을 알았다. 일찍 자신에 대해 파악한 만큼 그는 대부분 시간을 발명에만 쏟을 수 있었다. 그 덕분에 토머스 에디슨 앞으로 등록된 특허 건이 무려 1,500건이 넘는다.

이처럼 나에 대해 잘 아는 것은 매우 중요하다. 그리고 나에 대해 잘 아는 것도 하나의 실력이다. 하지만 대부분 사람들은 남을 평가하느라 바쁘다. 그리고 누군가와 만나게 되면 대화의 주제는 항상 자신이 아닌 남과 관련된 이야기다. 카페에 앉아서 연예인 이야기를 하거나, 다른 친구들의 이야기를 하는 데 많은 시간을 쏟고 있다.

그 시간도 모자라서 집에 가면 핸드폰을 사용해 또다시 다른 누군가의 이야기를 하느라 바쁘다. 밖에서 이어진 남 이야기가 집에 와서도 이어지는 꼴이다. 그리고선 전화를 끊기 전, 꼭 이런 말을 하고 전화를 끊는다. "통화로 하니까 너무 짧게 이야기했다. 다음에 만나서 다시 또 이야기하자."라고 말이다. 남 이야기를 하느라 활용한 그 아까운 시간은 주워 담을 수 없는 시간이다. 그렇게 아까운 시간을 자신을 파악하는 데 사용하지 않고, 남 이야기를 하는 데 시간을 쏟으니 그저 안타까울 뿐이다. 남의 이야기를 즐기는 사람이 과연 자신에 대해서는 얼마나 잘 알고 있을까?

나를 파악해야만 내가 원하는 일을 할 수 있다

나에 대해 잘 알고, 나라는 사람을 빨리 파악한 사람일수록 내가 원하고 좋아하는 일을 할 수 있다. 나에 대해 잘 아는 것은 나의 장단점을 잘 알고 있는 것과도 같다. 즉 내가 잘하는 것, 내가 잘하지 못하는 것을 빠르게 구분할 수 있게 된다는 말이다. 이렇게 빠르게 구분을 하면 나의 대부분 시간을 내 장점을 위해 활용할 수 있게 된다.

내가 아는 지인은 지금 벌써 30대 중반을 넘어서고 있다. 지금 그가 하는 일은 아무것도 없다. 굳이 하는 일을 꼽자면 부모님 댁에 함께 살면서 청소를 하는 게 전부다. 왜 그는 30대 중반을 넘어서는 나이임에도 불구하고 부모님 댁에 살고 있으며, 직업을 갖지 못했을까?

그는 자기의 20대 대부분을 수능을 보는 데 투자했다. 10년이라는 세월을 오직 수능 보는 데만 쏟은 것이다. 수능을 본 후, 등급에 맞는 대학교에 들어갔지만, 적응하지 못하고 또다시 수능을 보는 일에만 많은 시간을 할애했다.

그렇게 아까운 10년이라는 시간을 수능 보는 일에만 쏟고, 정작 30대가 넘는 나이에 고졸이라는 신분으로 부모님과 함께 사는 것이다. 만일 나의 지인이 자신에 대해 일찍 잘 알았다면 10년이라는 시간을 수능 보는 데에만 쏟아부었을까?

조금이라도 일찍 자신에 대해 깨달았다면 그 아까운 시간을 그렇게 허망하게 날려버리지 않았을 것이다. 조금이라도 자신을 위해 투자를 했을 것이고, 지금보다 더 나은 삶을 준비하는 시간으로 활용했을 것이다.

또한, 나에 대해 잘 알수록 내가 더 잘하고, 나에게 더 가치 있는 일을 하는 데 많은 시간을 쏟을 수 있다. 20대에 아르바이트할 때도 마찬가지다. 만일 나에 대해서 잘 알지 못한다면, 단지 돈을 벌어야 한다는 수단으로 아르바이트를 활용할 것이다. 그것이 나에게 도움이 되는 아르바이트인지, 해가 되는 아르바이트인지 구분을 못 하면서 말이다.

나를 잘 알아야 나에게 득이 되는 아르바이트를 할 수 있는데, 그렇지 못한 사람은 오직 돈만 바라보며 아르바이트를 택할 것이다. 내가 교육대학교에 다니던 시절, 나는 누군가를 가르치는 일을 좋아하고 즐긴다는 것을 일찍 깨달았기에 '가르침'과 관련된 아르바이트를 주로 했다. 그래서 학원 강사 아르바이트를 하거나 주로 과외를 많이 했다.

이런 아르바이트는 내게 '교육'의 연장선이었기 때문에 돈을 벌 수 있을 뿐만 아니라, 내가 잘하는 것에 좀 더 집중할 수 있는 시간이기도 했다. 하지만 자신에 대해 잘 파악하지 못하고 돈벌이로만 아르바이트를 생각했던 몇몇 친구들은 돈을 많이 벌고 싶다는 욕심으로 술집 아르바이트를 했다. 그 친구들은 아침과 저녁이 바뀐 생활을 해야만 했다. 그리고 그런 생활 방식이 대학교 수업에 집중할 수 없게끔 했다.

밤을 새우고 수업을 들으러 왔기 때문에 그 친구들은 대학교 수업에 집중할 수 없었고, 집중하지 못하는 만큼 그 친구들의 학점은 좋지 않았다. 결국, 악순환이 반복돼서, 임용고시도 몇 번이나 떨어지는 고배를 맛봐야만 했다.

이렇게 나에 대해 잘 아는 사람은 똑같은 24시간이어도 조금 더 자신을 위해 시간을 투자할 수 있다. 그리고 시간을 낭비하지 않을 수 있다. 그만큼 24시간을 자신을 위해 더 알차게 쓸 수 있는 것이다. 하지만 아직도 누군가는 자신이 어떤 사람인지 알지 못한다. 그리고 자신이 무엇을 원하는지 알지 못한다. 심지어 자신의 꿈이 무엇인지, 자신의 인생이 어떤 방향으로 흘러가는지조차 모르는 사람들이 있다.

일기를 적는 것은 나를 파악하는 하나의 수단이 된다

그렇다면 나에 대해 잘 아는 방법에는 무엇이 있을까? 일단 간단히 매일 일기를 쓰는 것이 많은 도움이 된다. 하루 있었던 일을 간단하게 정리를 하면서, 그 일을 했을 때 내가 느꼈던 기분과 감정을 함께 적으면 나를 파악하는 데 많은 도움이 된다.

이렇게 매일 일기를 적으면서 나의 기분과 감정을 함께 적으면 공통점을 발견할 수 있다. 공통점을 많이 발견할수록 나에 대해 금방 파악할 수 있고, 또 그만큼 내가 가지고 있는 장점을 빨리 파악하는 데 많은 도움이 된다.

나 역시, 고등학생 시절부터 하루도 빠트리지 않고 일기를 썼다. 매일 그날 있었던 간단한 내용과 그 일을 했을 때 느꼈던 나의 감정을 빠짐없이 적었다. 매일 그렇게 일기를 적으니 내가 좋아하는 것, 싫어하는 것을 금방 파악할 수 있었다.

그리고 일기 쓰기가 매일 이어지니 나의 꿈이 무엇인지 뚜렷하게 알 수 있었다. 나는 친구들에게 내가 알고 있는 지식, 정보를 설명할 때 항상 즐겁고 행복하다는 것을 알 수 있었다. 그것을 빨리 파악했기 때문에 교육대학교에 가고 싶다는 꿈을 빨리 이룰 수 있었던 것이다. 그러므로 아직 나에 대해 잘 알지 못한다면 오늘부터 당장 하루에 있었던 일과 함께 당신의 기분을 함께 적어봐라. 그렇다면 당신을 알아가는 데 많은 도움이 될 것이다.

또한, 다른 누군가를 통한 말도 나를 파악하는 데 많은 도움이 된다. 누군가의 입에서 나를 평가하는 내용은 조금 더 객관적이기 때문이다.

하지만 그렇다고 해서 그들의 말이 모두 정답인 것은 아니다. 그저 나를 조금 더 진지하게 들여다볼 수 있는 하나의 방법일 뿐이지 그 이상도 그 이하도 아니다. 누군가의 말을 통해 나라는 사람을 파악한 후, 나에 대해 잘 파악하기 위해 그중 내가 꼭 신경 써야 할 부분만 잘 골라서 신경 쓰면 되는 것이다.

나에 대해 잘 알아야만 남들보다 더 빨리, 그리고 더 일찍 나만을 위한 인생을 살 수 있다. 그리고 내 꿈을 향한 인생을 살 수 있다. 그만큼 나의 시간을 오직 나를 위해 쓸 수 있고, 시간을 낭비하지 않게 되는 것이다. 반면에 나를 늦게 알수록 그만큼 시간을 아깝게 날려버릴 것이다. 그리고 자신을 파악하지 못했던 시절을 후회하는 순간이 되면, 이미 20대는 지나가고 없을 것이다. 그러므로 하루라도 빨리 나에 대해 파악해라. 나에 대해 하루라도 빨리 파악할수록 남을 위한 인생이 아닌, 오직 나만을 위한 인생을 살게 될 시간을 앞당길 수 있음을 반드시 기억해라.

내가 진정으로 원하는 게 무엇일까?

당신은 당신 제2의 인생으로 무엇을 택할 것인가?

우리나라 직장인의 대부분이 퇴직한 후, 선택하는 제2의 직업이 바로 자영업이다. 대부분 직장인들이 퇴직 후 자영업을 선택하는 이유는 단순하다. 남들이 퇴직하고 난 후, 자영업을 많이 하기 때문이다. 어떤 의미가 있거나 진정으로 원해서 자영업을 선택하는 것이 아니라, 남들의 삶을 따라 하기 바빠서 자영업을 선택하게 되는 것이다.

하지만 그렇게 남들 따라 자영업을 선택하고 나면 제2의 인생이 성공할까? 물론 극소수는 성공하지만, 대부분은 자영업을 시작한 지 얼마 되지 않아 금방 가게 문을 닫게 된다. 자영업에 실패하게 되는 이유도 단순하다. 그냥 남들 따라서 했으니, 목숨 걸고 해야겠다는 생각을 갖지 못했고, 그 결과 남들이 하는 만큼만 하므로 결국 실패하게 되는 것이다.

이렇게 제2의 인생으로 자영업을 선택했던 그들의 첫 직장 생활은 정말로 그들이 원했던 직업이었을까? 그들이 그토록 꿈에 그리던, 그리고 그들이 진정으로 원하던 직업이었을까? 이 질문에 대해 대답하자면 분명 그들의 첫 직장 역시 그들이 원했던 직업이 아니었을 것이다. 만일 그토록 원했던, 꿈에 그리던 직업을 선택했다면 너무나 허무하게 제2의 인생으로 자영업을 선택하지 않았을 것이니 말이다.

그들의 첫 번째 직장 역시 별생각 없이 남들 하는 대로 따라갔을 것이고, 퇴직하고 난 후 제2의 인생 역시 남들이 가는 그 길이 정답인 것 마냥 그렇게 그 절차를 따라 밟았을 것이다. 한 번밖에 없는 인생, 우리는 최선을 다해서 살아야 한다. 하지만 이렇게 자신이 그토록 원하는 것을 알지도 못한 채 생을 마감하게 된다면 그보다 더 슬프고 비통한 일이 있을까?

내가 진정으로 원하는 것이 무엇인지 반드시 알아야만 한다

하나밖에 없는 인생을 최선을 다해서 살려면 우리는 내가 진정으로 원하는 것이 무엇인지 반드시 알아야 한다. 그리고 20대, 다양한 꿈을 꾸는 그 시기에 나라는 사람에 대해 반드시 알아야만 한다. 나라는 사람이 무엇을 진정으로 원하는지 반드시 알아야만 한다. 내가 무엇을 진정으로 원하는지 아는 것은 매우 중요하다. 우리의 인생은 항상 선택의 연속이다. 그래서 내가 무엇을 선택하느냐에 따라 내 인생의 방향이 달라진다. 그 선택 하나로 인해 나의 삶의 방향이 너무나 다르게 변하는 것이다. 그러므로 우리는 선택을 잘해야만 한다. 잘못된 선택을 하고 난 후, 세월이 흐른 뒤에야 잘못된 선택임을 깨닫게 됐다고 해도 그때는 이미 때가 늦었다. 시간은 다시 되돌릴 수 없다. 그리고 내가 선택을 했던 그 순간으로 다시 돌아갈 수 없다. 그러므로 항상 선택의 갈림길에 서게 될 때, 누구보다 더 신중하게, 그리고 오직 내가 원하는 방향으로만 나의 인생이 흘러가게끔 해야 한다.

내가 원하는 인생이란 시간이 흐를수록 행복한 인생을 뜻한다. 그리고 '아, 정말 나의 인생은 행복해. 매일 매 순간, 어쩜 이렇게 행복할 수 있지?'라는 말이 나올 정도로 자신의 인생을 즐기는 것이 행복한 인생이다. 그 행복한 인생을 만들려면 우리는 선택을 잘해야만 한다. 내 선택이 항상 나의 행복의 연장선이 될 수 있도록 선택을 해야만 하는 것이다.

선택을 잘하려면 방법은 간단하다. 내가 진정으로 원하는 것이 무엇인지 깨닫는 것이다. 빨리 깨달을수록 더욱 좋다. 빨리 깨닫게 되면 내 인생의 행복길을 남들보다 더 빨리 열 수 있다. 그리고 남들보다 더 빨리 행복길을 연 만큼 더 큰 성공을 향해 나갈 수 있다. 성공은 공기처럼 누구에게나 떠다니는 것이 결코 아니다. 오직 자신이 원하는 것이 무엇인지 깨닫고, 그것을 위해 최선을 다하는 사람에게만 주어지는 별똥별과도 같은 것이다.

내가 원하는 것을 빨리 찾기 위해서 우리는 어떻게 해야 할까?

그렇다면 내가 원하는 것을 빨리 찾기 위해서 우리는 어떻게 해야 할까? 무엇을 해야만 내게 주어진 행복이라는 선택을 정확하게 찾을 수 있을까? 일단 요즘 내가 가장 즐기면서 하는 것이 무엇인지 찾아보는 것도 많은 도움이 된다. 요즘 나의 관심사, 그리고 요즘 내가 가장 자주 즐기는 생각이나 행동이 무엇인지 파악하는 것이다. 그것이 무엇이든 좋다. 친구들을 만날 때마다 내가 주로 꺼내는 이야기가 무엇인지 생각해본다.

또는 인터넷으로 내가 자주 검색하는 것이 무엇인지 그것을 생각해보는 것도 많은 도움이 된다. 유독 배우고 싶고 꼭 알고 싶은 분야가 생겼다면 그것 또한 내가 진정으로 원하는 것이 될 수 있다. 이런 식으로 사소한 것 무엇이든 좋다. 요즘 내가 가장 즐기는 것이 무엇이 있는지, 요즘 나의 관심사는 무엇인지를 먼저 파악해야 내가 원하는 것을 빠르게 알 수 있다.

또한, 하면 할수록 나에게 행복을 주는 것이 무엇인지 생각하는 것도 도움이 된다. 내게 행복을 주는 것 또한 내가 진정으로 원하는 것이기 때문이다. 우리는 내가 싫어하는 것이나 관심 없는 것을 하게 되면 금방 싫증을 느낀다. 그리고 그만큼 지루함을 느낀다. 지루함을 느낄수록 그 시간이 따분하게 느껴진다. 그리고 속으로 '왜 내 아까운 시간을 들여서까지 내가 이것을 해야만 할까?'라는 불평불만으로까지 이어지게 된다.

이런 생각은 곧 내가 진정으로 원하지 않는 것을 했을 때 발생한다. 내가 정말로 원하고, 간절히 하고 싶은 것을 할 때는 이런 생각이 들지 않는다. 내가 하는 행동에 몰입하게 되고, 몰입한 만큼 시간이 어떻게 흘러가는지 모를 정도로 집중을 하게 된다.

나 역시 작가의 삶에 도전하기 전에는 단순히 내 이름으로 된 책을 이 세상에 내는 게 소원이었다. 그 이상도 그 이하도 아니었다. 하지만 첫 번째 책을 계기로, 작가의 삶을 살게 되니 원고를 쓰는 행동이 내게 행복을 안겨줬다. 글을 쓰는 그 순간에 행복함을 느끼며, 집중해서 쓸수록 시간 가는 줄 모르고 정신없이 글을 쓰고 있는 나를 발견했다.

즉, 몰입하고 행복감을 느낄수록 내가 진정으로 원하는 삶이 작가로 사는 삶이었다는 것을 깨닫게 된 것이다. 또한, 그 순간, 만일 이토록 내가 원하던 것을 20대 시절에 알았다면 나의 삶은 지금 달라지지 않았을까 하는 후회도 들었다. 더 일찍 깨달았다면, 아마 20대의 나는 다른 선택을 했을 것이다. 그리고 그 선택은 아마 내게 더 큰 행복의 길을 열어주는 선택이었을 것이다.

그러므로 당신 또한 당신이 진정으로 원하는 것을 빨리 찾아야만 한다. 나처럼 뒤늦게 진정으로 원하는 것을 깨닫게 된다면, 그때는 이미 시간을 되돌릴 수 없을 만큼 세월이 흘러버렸다. 그때서야 후회를 해봤자 이미 선택한 내 길을 되돌릴 수 없다는 말이다.

내가 진정으로 원하는 것을 일찍 깨달아야만 핑계 없는 인생을 살 수 있다. 내게 맞지 않는 일, 내게 맞지 않는 직업을 갖게 된다면 당신은 거기에서 벗어나기 위해 온갖 핑계를 댈 것이다. 그리고 일이 하기 싫은 날은 어떤 핑계를 대서라도 그 일을 미룰 것이다.

아침마다 일어나는 것이 지옥 같을 것이다. 그리고 하기 싫은 일을 하러 가는 그 길이 마치 도살장에 끌려가는 듯한 기분일 것이다. 자기 의지와는 상관없이 그렇게 하기 싫은 일로 시간을 버리게 되고, 시간을 버린 만큼 내 인생 또한 그만큼 버려지게 될 것이다. 그러다가 갑자기 퇴직하게 된다면, 당신 또한 앞서 언급한 사람들처럼 자영업의 길로 나갈 것인가? 그것 또한 당신이 정말로 원해서 선택한 것이라고 말할 수 있겠는가? 그때도 당신은 자영업을 왜 선택했는지에 대해 이 핑계 저 핑계를 대고 있을 것이다. 그리고 만일 자영업이 생각만큼 잘되지 않았다면 그때도 여전히 이런저런 변명을 하며 실패의 원인을 외부의 탓으로 돌리려고 할 것이다.

우리는 한 번밖에 없는 인생을 최대한 즐기며 살아야 한다. 그리고 그만큼 행복하게 살아야 한다. 내가 행복하게 살려면 내 인생에 책임을 져야 한다. 책임을 져야 한다는 말은 내 인생에 있어서 핑계를 대서는 안 된다는 말과도 같다. 핑계를 대지 않는 삶을 살려면 반드시 우리가 해야만 할 것이 있다. 그것은 바로 내가 진정으로 원하는 게 무엇인지 빨리 깨닫는 것이다. 그리고 그걸 깨닫고 난 후, 내가 진정으로 원하는 인생의 길을 선택하는 것이다. 그 선택을 잘할수록 당신은 핑계 없는 행복한 인생을 만들 것이며, 그만큼 당신은 남들보다 더 빠른 성공의 길로 가는 인생을 살게 될 것이다.

꿈과 관련된 일을 해라

부러움을 사는 인생은 꿈과 관련된 일을 하는 것이다

'빌 게이츠', 우리는 이 유명한 사람의 이름만 들어도 "정말 대단한 사람이야. 어떻게 그렇게 성공한 인생을 살지?" 하며 부러움의 감탄사를 내뱉는다. 그가 이처럼 우리에게 부러움을 사는 인생을 살 수 있었던 비결은 무엇일까?

바로 그가 꿈과 관련된 일을 했기 때문이다. 빌 게이츠가 마이크로소프트를 설립했던 이유는 바로 그의 꿈 덕분이었다. 실제로 그가 학생이었던 시절, 그는 컴퓨터와는 전혀 무관한 대학교에 다니고 있었다. 그는 법대생이었다. 그것도 전 세계에서 최고의 명문 대학이라고 불리는 하버

드대학교 법대를 다니는 법대생이었다. 그래서 빌 게이츠의 부모님은 그가 법대를 나와서 변호사가 되기를 바랐다. 그리고 분명 변호사의 인생을 살 것으로 생각했다.

하지만 그런 부모님의 바람을 무시하고, 그는 꿈을 좇았다. 그리고 대학교를 중퇴했다. 대학교를 중퇴하기 전, 그는 친한 친구에게 함께 자퇴해서 사업을 할 것을 제안했다. 하지만 그 제의는 그 친구의 꿈이 아니었기에 빌 게이츠의 친구는 빌 게이츠의 제안을 거절했다. 그 거절을 계기로, 둘은 너무나 다른 인생을 살게 됐다.

대학교를 자퇴한 후, 꿈과 관련된 일을 시작한 빌 게이츠는 큰 성공과 함께 백만장자의 삶을 살게 됐다. 그리고 우리가 지금 쓰고 있는 윈도우 역시 빌 게이츠가 꿈을 좇는 인생을 살지 않았다면, 아마 사용하지 못했을 것이다. 그리고 꿈과 관련된 일을 하고 성공의 인생을 사는 그는 우리에게 이렇게 말한다.

"세상은 네가 어떻게 생각하든 상관하지 않는다. 세상은 당신이 스스로 만족한다고 느끼기 전에 무엇인가를 성취해서 보여줄 것을 기다리고 있다."

반드시 당신의 꿈을 성취해서 세상에 보여줘라

무엇인가를 성취해서 보여줄 것을 기대하고 있다는 말은 무슨 의미일까? 바로 그 무엇은 당신의 꿈이다. 즉, 당신의 꿈을 성취해서 이 세상에 보여줄 것을 기대하고 있다는 말과도 같다고 해석할 수 있다. 그러므로 당신도 반드시 당신의 꿈을 성취해서 세상에 보여줘야만 한다. 우리 모두 그 꿈을 실현하기 위해 이 세상에 태어났다고 해도 과언이 아니다.

나는 우리 집이 가난하다는 이유로 여상을 졸업해야 했으며, 또다시 가난하다는 이유를 대며, 대학교에 가지 않고 바로 취직을 해야만 했다. 하지만 가난을 핑계로 취직을 하고 나니, 시간이 지날수록 이것이 내가 정말로 원했던 삶이었나 싶은 생각이 들었다.

그런 후, 내가 인생을 살면서 내가 이루고 싶었던 꿈이 무엇인지 떠올렸다. 내가 이루고 싶었던 꿈은 '가난에서 탈출하기'였다. 하지만 단지 가난에서 벗어나는 삶이라는 것이 누군가의 인생에 꿈이 될 수 있나 하는 의문이 문득 들었다.

내 인생에서 가난을 벗어나기만 한다면 그게 바로 꿈을 실현한 인생이 맞는 건가 하는 고민이 들었고, 그 고민 결과 그것은 꿈과는 무관한 현실과의 타협이라는 결론이 들었다. 그 결론이 들고 난 후, '가난을 탈출하기'라는 꿈이 아닌, 정말로 내 인생을 위한 꿈을 만들어야 한다고 생각했다. 그리고 그 꿈과 관련된 일을 꼭 해야만 한다는 생각이 들었다.

그 생각을 계기로 나는 직장을 열심히 다니면서 동시에 자기 계발에 많은 시간을 쏟아야겠다는 생각이 들었다. 내가 자기 계발을 열심히 할수록 내가 정말로 원하는 꿈의 직업이 무엇인지 금방 파악할 수 있을 것이라는 생각이 들었기 때문이다. 그래서 나는 직장에서 받은 월급 중 일부를 모두 자기 계발비에 쓰기 시작했다.

나는 자기 계발비에 들어가는 돈을 아깝게 생각하지 않았다. 내가 투자하는 만큼 내가 원하는 것이 나에게 더 빨리 보일 것으로 생각했다. 그리고 내 꿈이 빨리 보인 만큼, 그 꿈을 위한 노력에 나의 많은 시간과 에너지를 쓸 수 있을 것이라는 생각에 무척 설레었다.

내 꿈을 찾는 과정 중 친구들을 만나는 것은 사치였다. 그만큼 나는 24시간이라는 시간이 부족하다고 느껴질 정도로 내 꿈을 찾는 데에 나의 모든 것을 다 쏟았다. 잠을 줄이고, 열심히 공부하며 그렇게 나의 에너지와 시간을 꿈이라는 것을 위해 사용했다. 그러던 중, 스타벅스에서 커피를 마시며 책을 읽고 있는데 문득 나의 심장이 뛰기 시작했다. 그리고 갑자기 뭔가가 하늘에서 툭 떨어지는 것처럼 내 뇌리를 강하게 스쳐 지나가는 꿈들이 보이기 시작했다.

그날 가슴 뛰던 스타벅스의 일은 이미 과거가 됐다. 그리고 그날, 나는 내가 그토록 원하던 꿈이 무엇인지 알 수 있었다. 많은 세월이 흐른 지금, 나는 지금 무엇을 하고 있을까? 여전히 가난에서 탈출하기라는 것을 꿈으로만 바라보는 그런 인생을 살고 있을까?

결론부터 말하자면 'No'다. 나는 더는 가난에서 탈출하기라는 목표를 바라보며 살지 않는다. 현재 나와 나의 배우자 김도사의 재산은 120억이 넘는다. 그토록 가난이 지긋지긋했던 내가, 몇 년이 흐른 후 어떻게 해서 100억이 넘는 자산가의 삶을 살고 있을까?

그것은 바로 내 꿈을 알고 난 후, 행동했기 때문이다. 내 꿈이 원하는 일을 이루기 위해 나는 처절하게 노력했고, 처절한 노력만큼 나는 내가 원하는 꿈의 일을 모두 다 이뤘다. 나는 그날 스타벅스에서 베스트셀러 작가가 되겠다는 강한 꿈을 얻었다. 그리고 그 꿈을 계기로 나는 작가의 삶을 선택했고, 나의 첫 번째 저서 『미친 꿈에 도전하라』를 통해 나는 베스트셀러가 될 수 있었다. 그리고 이 책 덕분에 나는 이화여대, 조선대, 목포여고 등 전국을 누리며 강연을 할 수 있었다.

나의 두 번째 꿈은 강연가가 되어 누군가에게 나의 지혜와 경험을 들려주는 것이었다. 그것 또한 나의 첫 번째 책을 계기로 이미 꿈이 이뤄진 것이다. 만일 내가 나의 꿈을 실현하기 위해 작가라는 일을 선택하지 않았다면 내가 누군가에게 강연을 할 수 있었을까?

아마 불가능했을 것이다. 내가 누군가에게 강연하고, 베스트셀러 작가가 될 수 있었던 이유는 오직 꿈과 관련된 일을 했기 때문이다. 그 꿈을 향해 달려갔기 때문에, 나는 지금도 나의 꿈과 관련된 일을 행복하게 계속할 수 있는 것이다.

우리 모두 나만의 꿈이라는 이야기를 내 인생에 채워야 한다

우리는 모두 꿈과 관련된 일을 해야 한다. 그래야만 나만의 꿈이라는 이야기를 내 인생에 채울 수 있다. 꿈과 관련된 일을 하게 되면 저절로 잘해야겠다는 동기 부여가 생긴다. 그리고 그 동기 부여가 나에게 내 일을 즐길 수 있게 만들어주는 것이다. 무엇이든 즐기는 자를 이기지 못한다. 나의 꿈과 관련된 일을 하면 나는 즐길 수 있고, 그런 나를 누가 이길 수 있겠는가.

또한, 꿈과 관련된 일을 해야만 성공을 맛볼 수 있다. 가난에서 탈출하기를 벗어나 내 꿈을 향한 일을 했더니 나는 그 과정에서 성공을 맛봤다. 베스트셀러라는 성공을 맛보았으며, 강연가가 되어서 많은 청중에게 나의 지식과 경험을 전달할 수 있게 됐다.

또한, 그 덕분에 나는 동기 부여가로서의 삶도 살 수 있는 것이다. 이렇게 내가 원하고 내가 그토록 하고 싶은 꿈과 관련된 일을 하니 자연스럽게 돈이라는 것이 나를 따라오게 됐다. 꿈과 관련된 일을 했을 뿐인데, 현재 나의 인생이 20대의 내 인생과는 몰라보게 달라진 것이다.

꿈이 없는 사람의 인생은 잠잘 때만 꾸는 꿈이 전부라고 생각하는 그런 삶을 살게 된다. 우리가 잘 때 꾸는 꿈은 무슨 꿈을 꿨는지 기억이 안 날 정도로 금방 잊혀진다. 그리고는 어제와 달라지지 않은 똑같은 오늘을 반복해서 살게 된다. 하지만 꿈과 관련된 일을 하는 사람의 인생은 다르다. 잠잘 때만 꾸는 꿈이 전부인 그런 삶을 살지 않는다. 나의 꿈을 위해 어제보다 더 나은 오늘을 살게 되고, 내 꿈이라는 일 덕분에 성공을 맛볼 수 있다. 그리고 성공을 맛보는 만큼 자신만의 인생을 당당하게 살 수 있는 것이다. 그러므로 잠잘 때만 꿈을 꾸지 말고, 지금 당장 내가 원하는 꿈을 꿔라. 현실에서 이루고 싶은 그런 꿈을 꿔라. 그리고 내 꿈과 관련된 일을 해라.

7
_____

즐기는 사람을 이기지 못한다

노력하는 자를 이기지 못하고, 노력하는 자는 즐기는 자를 이기지 못한다

"천재는 노력하는 자를 이기지 못하고, 노력하는 자는 즐기는 자를 이기지 못한다."라는 말이 있다. 그만큼 무슨 일을 할 때, 즐겁고 행복하게 그리고 즐기면서 하는 사람의 실력과 성적을 우리는 따라잡지 못한다. 하지만 무언가를 즐기는 사람은 그 일을 처음부터 즐겨서 했을까? 처음부터 일을 즐겨서 하는 사람은 단 한 명도 없다. 그것이 자신의 꿈과 관련된 일이라면 더욱더 그렇다. 아무리 내가 좋아하고 내가 그토록 원하는 꿈도 내가 노력하지 않는 이상 나의 것이 되지 않는다.

나의 것이 됐다는 표현은 즉, 내가 원하고 진정으로 하고 싶은 것을 즐기면서 하게 된 경지를 의미한다. 즉 일을 즐기면서 하는 사람은 즐기기까지의 엄청난 고생, 노력 덕분에 자신이 하는 일을 즐기면서 할 수 있게 된 것이다.

지금 나 역시 '위닝북스'의 대표이자 동기 부여가, 작가 등의 삶을 살고 있다. 그리고 나는 지금 나의 이런 일상을 매일 즐기고 있다. 누군가에게 꿈을 심어주고, 누군가의 꿈을 실현하게 해준다는 것은 엄청난 보람이다. 그 보람만큼 나는 내 일에 대해 자부심을 가지고 있고, 자부심이 생길수록 나는 일을 그만큼 더 즐길 수 있는 것이다.

하지만 지금 내가 일을 즐기고 있다고 해서, 나 역시 처음부터 이렇게 즐겁게만 했던 것은 결코 아니다. 나 역시 많은 시련의 세월이 있었으며, 그 시련과 힘듦 덕분에 나는 즐기는 경지에 다다를 수 있었다. 그래서 과거의 나와 지금의 나는 정말로 다르다. 과거의 내가 내 꿈을 위해 고군분투하고 있었다면, 지금의 나는 그 꿈을 즐기고 있는 사람이 됐다.

그래서 지금의 내 모습을 보는 사람들은 대부분 나를 보며 "어쩜 그렇게 매일 웃고 다니세요? 권마담 님의 강의를 듣고 나면 살아있음이 느껴져요. 당장 저도 꿈을 좇는 삶을 살아야 할 것 같아요. 저도 오늘부터 즐기면서 할게요."라는 말을 많이 한다. 나는 내 강의를 듣고 난 후, 나에게 이런 긍정적인 메시지를 건네는 사람들 덕분에 내 일을 더 즐길 수 있다. 그리고 내가 일을 즐기는 만큼, 내 매일의 일상은 행복의 연장선이다. 나의 일 자체가 나의 행복이며 나의 일상이 된 것이다.

그러므로 무엇을 하든 즐기는 것은 매우 중요하다. 하지만 무엇이든 다 즐기면서 할 수는 없다. 즐기는 사람이 되려면 먼저 꿈을 가져야만 한다. 간절한 나의 꿈을 가져야만 한다. 꿈을 가져야만 그 꿈을 이루기 위해 엄청난 노력을 들일 수 있기 때문이다.

꿈을 바라보며, 꿈을 향해 살아라

우리는 모두 꿈을 바라보며, 그리고 그 꿈을 향해 살아야 한다. 꿈이 없다면, 어떤 일이든 대충하게 된다. 그래서 늘 결과물이 좋지 않게 나온다. 매번 시도할 때마다 결과물이 형편없게 나온다면 그 행동을 반복해서 하게 될까? 아마 몇 번 하다가 금방 포기하고 말 것이다. 그 일이 나의 꿈과 관련 없는 일이었으며, 그만큼 간절함도 없었기에 금방 포기해버리는 것이다.

이런 일이 반복되다 보면 그만큼 시간이 지날 것이며, 시간이 지난 만큼 귀중한 내 인생이라는 것도 허무하게 지나가 버릴 것이다. 인생은 무척 짧다. 그래서 이렇게 무엇이든 대충하며 산다는 것은 행복해야 할 내 인생을 지루하게 만드는 길과도 같다. 지루하게 이어지는 인생의 연장선은 결국 지루한 인생을 살다가 떠난 죽음이라는 것이 기다리고 있을 것이다.

그러므로 나의 일을 즐기며 내 일이 행복한 나의 인생이 되려면 당장 꿈을 가져야만 한다. 간절히 이루고 싶은 꿈을 먼저 생각해야 한다. 그 꿈을 이루기 위한 과정은 무척 힘들겠지만, 결국 그 꿈을 이루고 난 뒤의 내 모습은 아마 그 일을 즐기고 있을 것이다. 그 일을 지금의 나처럼 너무나도 행복하게 즐기고 있을 것이다.

우리는 갖고 싶은 물건이 생기면 그 물건을 먼저 보러 간다. 그리고 그 물건을 만져보며 그 물건의 특징과 그날 느꼈던 나의 감정을 또렷하게 기억하게 된다. 그래서 더욱 그 물건을 간절하게 떠올리게 되고, 떠올리는 만큼 그 물건을 꼭 사야겠다는 강한 욕구를 갖게 된다.

나의 꿈 역시 마찬가지다. 즐기는 자가 되려면 나의 꿈도 시각화를 해야 한다. 내가 간절히 이루고 싶은 꿈을 시각화한다면 이것 역시 간절하게 이루고 싶다는 강한 욕망을 갖게 된다. 그리고 자주 나의 꿈을 들여다볼수록 그 꿈을 이루기 위해 더욱 처절하게 노력을 할 것이며, 내가 처절하게 노력을 하는 만큼 나는 내 꿈에 조금씩 가까워짐을 느낄 것이다.

꿈에 가까워질수록 어느새 나도 모르게 일을 즐기고 있는 모습을 느낄 것이다. 일을 즐기고 있다는 것은 이제 그 일이 나의 일상이 되었다는것을 뜻한다. 나의 일이 나의 일상이 되고, 그 일상이 행복으로 가득 찬다면 어느새 일을 진심으로 즐기게 된다. 그래서 하기 싫다는 핑계를 대지 않고, 오히려 더욱더 내 시간을 쪼개서라도 내 일에 많은 시간을 쏟게 되는 것이다. 이것은 결코 누가 등 떠밀어서 하는 것이 아니다. 내가 그만큼 나의 일을 사랑하고 즐기기 때문에 내가 먼저 나의 대부분 시간을 활용하게 되는 것이다. 그러므로 즐기는 자가 되려면 항상 제일 먼저 나의 간절한 꿈을 떠올려야 한다.

꿈을 이뤄가는 과정 또한 즐기는 사람이 돼라

간절한 꿈을 이루는 과정은 물론 힘들 수 있다. 그래서 자신도 모르게 꿈을 버리고 현실과 타협하려고 할 수도 있다. 과정이 더욱더 고될수록 그 달콤한 유혹을 뿌리치지 못할 것이다. 하지만 그럴 때마다 과감하게 그 달콤한 유혹을 뿌리쳐야 한다. 그리고 비록 힘들지만, 그 과정에서 분명히 좋은 점이 있다는 것을 생각해야 한다. 그리고 자꾸 내 생각을 긍정적인 쪽으로 돌려야만 한다.

내 꿈을 이뤄가는 과정 중 자꾸 안 좋은 면만 보게 된다면 '왜 내가 굳이 이렇게 힘들게 꿈을 이뤄야만 하는가?'라는 부정적인 생각과 의구심이 들게 된다. 하지만 힘들더라도 자꾸 좋은 쪽, 긍정적인 면만을 바라본다면 '내가 이렇게 고생하고 힘든 만큼 나는 결국 더 즐기는 사람이 될 거야. 어제보다 오늘 조금 더 발전했으니까 분명 나는 잘될 거야.'라는 강한 확신을 얻게 된다.

어떤 일이든 결국 내가 생각하는 방향으로 흘러가게 된다. 그래서 즐기는 사람이 되려면 먼저 간절한 꿈을 생각해야 하고, 그것을 이뤄가는 과정을 힘든 과정이 아닌 즐거운 과정이라고 생각해야 한다. 비록 현실이 고달프고 힘들더라도 내 생각은 항상 긍정적인 쪽, 내가 이루고자 하는 그 꿈만을 생각하며 버텨야 한다.

간절한 꿈을 품고 있었던 20대의 나 역시 내 꿈을 이뤄가는 과정이 매우 힘들었다. 그렇다고 누군가를 붙잡고 내 꿈을 대신 이뤄달라고 할 수도 없었다. 오직 나만 가진 꿈이었기에 과정이 힘들더라도 나 스스로 이겨내고 버텨내야만 했기 때문이다.

나는 꿈을 이뤄가는 과정 중 단 한 번도 내 꿈과 관련된 부정적인 생각을 해본 적이 없다. 나는 훗날 내 꿈을 이룬 뒤 그 일을 즐기고 있을 내 모습을 항상 상상했다. 오늘의 삶이 힘들지라도 나는 포기하지 않았다. 항상 인생에서 최고의 행복을 누리고 있을 내 모습을 상상했고, 즐기는 자가 되리라는 굳은 각오를 하며 단 한 번도 내 꿈을 포기한 적이 없었다.

그래서 결국 나는 이렇게 즐기는 사람이 됐다. 그리고 나는 당당히 말할 수 있다. "나를 이기고 싶다면, 당신 먼저 즐기는 사람이 되세요."라고 말이다.

우리는 모두 즐기는 사람이 될 수 있다. 그리고 즐기는 사람이 돼야만 한다. 그래야만 내 인생, 내게 주어진 시간을 모두 즐기면서 살 수 있다. 즐기는 자가 되려면 20대의 나처럼 당신도 간절한 꿈을 가져야만 한다. 그리고 간절한 꿈을 이뤄나가는 과정이 비록 힘들더라도, 그 과정 또한 즐기는 자가 돼라. 즐기는 자가 되면 그 어떤 누구도 당신을 이기지 못할 것이다. 즐기는 자인 당신, 인생의 승자는 오직 당신뿐이다.

2
마이클 펠프스

마이클 펠프스는 초등학생 시절, 교실에 가만히 앉아 있지 못하는 학생이었다. 학교에서 늘 산만했으며 한 가지 일에 제대로 집중하지 못했다. 그런 아이를 향해 학교 선생님들은 항상 비난의 소리를 했다. 그리고 마이클 펠프스를 향해 무엇 하나 성공하지 못하리라는 낙인까지 찍었다.

당시 마이클 펠프스는 ADHD(주의력 결핍 및 과잉 행동 장애) 진단을 받았다. 초등학생이었던 마이클 펠프스의 엄마는 그의 ADHD 치료를 위해 치료법을 수소문하던 중 수영이 치료에 좋다는 것을 알게 됐다.

수영이 과잉 행동을 조절해준다는 것을 알고 아이에게 수영을 가르친 것이다. 하지만 난생 처음 수영을 배운 마이클 펠프스는 물에 얼굴을 전혀 담그지 못했다. 그는 물을 두려워했다. 그러나 물을 두려워했던 그가 유일하게 가지고 있던 장점이 바로 꾸준함과 실천력이었다.

그의 꾸준함과 실천력은 그가 점점 물을 가까이 할 수 있게끔 도와줬다. 그리고 점점 수영 기술을 익히는 데 많은 도움을 줬다. 그 덕분에 그는 지금 어떠한가? 그는 올림픽 수영 역사상 최초로 8관왕을 달성한 수영 황제가 됐다.

꿈은 쉽게 이룰 수 없다. 꿈을 이루기 위해서는 꾸준함과 실천력만이 답이다. 물을 두려워했던 그에게 꾸준함과 실천력이 없었다면 그는 결코 올림픽 8관왕을 거머쥐지 못했을 것이다. 당신 또한 이루고 싶은 꿈이 있는가? 그렇다면 그 꿈을 이루기 위해서 당신의 꾸준함을 더해라. 그리고 실천력을 함께 더해라.

3 장

공부보다 경험과

지혜가 중요하다

1
_____

쓸데없는 인간관계는 과감하게 잘라내라

현재 당신이 만나고 있는 사람들이 당신의 평균이다

당신은 한 달, 혹은 일주일에 친구를 몇 번이나 만나는가? 그리고 친구들을 만나서 당신이 주로 하는 것은 무엇인가? 내가 친구들을 몇 번이나 만나며, 친구들을 만나서 무엇을 하는지 아직 모른다면 지금 당장 진지하게 생각해야 한다.

우리의 인생은 현재 내가 누구를 만나느냐가 매우 중요하다. 그리고 내가 지금 만나고 있는 사람들이 나의 평균, 현재 내 수준을 의미한다고 해도 과언이 아니다. 만일 지금 내가 만나고 있는 친구들이 마음에 들지 않거나, 그 친구들보다 더 성장하고 발전하고 싶다면 당신은 과감하게 그 친구들과의 관계를 잘라내면 된다.

   당신이 당신 마음에 들지 않는 사람들을 계속 만난다는 것은 곧 그만큼 아까운 당신의 시간을 낭비하는 것과도 같다. 그리고 친구들을 만나서 의미 없이 누군가의 이야기를 하고 있다면, 그 또한 매우 아까운 시간이다. 그 시간에 누군가는 간절한 자신의 꿈을 향해 달려갈 것이다. 꿈을 향해 달려가는 그 사람과의 똑같은 시간을 당신은 굳이 다른 누군가의 이야기를 하느라 허비하고 있다. 하지만 분명한 것은 그렇게 허무하게 시간을 날려버리기에는 당신의 인생이 그만큼 길지 않다는 것이다.

   카페에 가면 대부분 사람들이 수다를 떨고 있다. 그중 정말로 생산적이고 의미 있는 이야기를 하는 사람들은 몇 명이나 될까? 아마 손에 꼽기 힘들 정도로 찾기 힘들 것이다. 대부분 스트레스로 가득 찬 직장 이야기, 혹은 남자친구, 여자친구에 관한 이야기, 그도 아니면 자신보다 더 잘난 친구를 시기 질투하는 등의 이야기로 넘쳐날 것이다. 그렇게 대부분 시간을 생산 없는 이야기로 채운 후 집에 와서 내 뇌리에 남는 이야기가 과연 있을까? 그중 나에게 득이 되는 이야기가 조금이라도 남아 있을까? 아마 결코 없을 것이다. 생산적이지 않은 이야기로 가득 찬 대화는 내게 자극을 주거나, 더 나은 미래를 꿈꾸는 동기 부여를 줄 만한 내용이 단 하나도 없기 때문이다. 즉 속 빈 강정이나 다름없다.

더 나은 삶을 위해서 당신의 인간관계를 정립해라

내가 쓸데없는 인간관계를 많이 만들면 만들수록, 내게는 더 나은 미래를 만들 만한 시간이 그만큼 줄어들게 된다. 그리고 그 의미 없는 시간이 내 삶의 중심이 된 것처럼 살게 된다. 그래서 혼자 있는 시간이 주어지면 무엇을 해야 할지 당황하게 된다. 누군가를 만나서 의미 없는 이야기를 하는 일상을 자신의 일과로 만들어버렸기 때문이다.

그래서 자신에게 주어진 24시간이라는 시간을 어떻게 써야 할지 우왕좌왕한다. 그리고 마치 그 24시간이라는 시간이 엄청나게 긴 시간처럼 느껴진다. 그래서 그 시간을 친구들을 만나려는 시간으로 가득 채운다. 특히, 지금보다 더 나은 자신의 미래를 생각하지 않는 사람들일수록 더욱더 그렇다.

심지어 하루에 여러 건의 약속을 하는 자신을 보며 뿌듯해하는 사람도 있다. 그러면서 '와, 오늘도 참 알차게 잘 지냈다. 오늘 하루도 보람차게 지나갔네.' 하면서 자신의 모습을 대견하게 생각하는 사람이 있다. 여러 사람을 만나고, 그 사람들과 대화를 하는 그 시간을 마치 자신의 인생을 잘 사는 것 마냥 착각하는 것이다. 우리 인생 중 내 인생을 과감하게 바꿀 수 있는 황금 시기 1순위가 있다면 그것은 바로 20대라고 해도 과언

이 아니다. 20대는 어떤 실패를 해도 용납이 되는 나이다. 그만큼 20대
는 더 나은 미래를 충분히 준비할 수 있고, 충분히 준비한 만큼 남들보다
더 멋진 인생을 빠르게 준비할 수 있는 것이다.

그런 황금기인 20대를 쓸데없는 인간관계에 투자하느라 허망하게 보
내버렸다면, 30대가 돼서야 인생을 바꿀 수 있을까? 아마 그때는 20대
때보다 더 힘들 것이다. 이미 누군가는 결혼했을 것이고, 결혼이라는 것
은 곧 책임감이 따라오는 것이다. 그래서 20대만큼 자유롭게 새로운 직
업, 새로운 도전을 하기가 망설여질 것이고, 망설여지는 만큼 현재에 안
주하며 살 것이다. 물론 입으로는 만족스럽지 않은 현재의 삶에 불평불
만만 늘어놓으면서 말이다. 그러므로 일찍 나의 인간관계를 정립하는 것
이 많은 도움이 된다. 특히 20대일수록 더욱더 그렇다. 현재 내가 만나고
있는 사람들이 내 평생의 친구, 평생의 인연이라고 생각해서는 절대 안
된다. 특히 만날수록 부정적인 말을 하거나, 현재의 삶에 안주하는 사람
들일수록 더욱 과감하게 관계를 잘라내야만 한다.

밝은 기운, 긍정의 기운을 가진 사람들을 만나야 한다

우리의 감정은 공기처럼 떠다녀서 금방 상대방에게 옮게 된다. 그래서
긍정의 기운을 가진 사람을 만나는 것은 매우 중요하다. 내가 부정적인

사람을 만나게 되면, 그 사람을 만날 때마다 처음부터 끝까지 부정과 관련된 이야기만 들어야 한다.

그렇다면 그 부정의 기운이 내게 스며들 것이며, 스며든 만큼 나 또한 조금씩 부정적인 사람으로 변할 것이다. 특히 그런 종류의 사람들을 자주 만난다면 말할 것도 없다. 미래의 내 모습이 곧 그 사람들의 모습이라고 생각하면 된다.

그러므로 항상 우리는 밝은 기운, 긍정의 기운을 가진 사람들을 만나야 한다. 그런 사람들은 항상 밝은 미래를 꿈꾸고 있다. 그리고 현재의 삶에 안주하려고 하지 않는다. 항상 지금보다 더 나은 삶을 위한 준비를 하고 있다. 그래서 그런 사람과의 만남은 의미 없는 시간이 결코 아니다.

그런 사람들을 통해 내 삶을 반성하게 되고, 반성한 만큼 나 또한 더 나은 미래를 꿈꾸기 위해 사소한 것부터 실천하는 사람으로 변하게 된다. 게을렀던 습관이 조금씩 부지런한 습관으로 변하거나, 필요 없는 인간관계를 신경 썼던 내가 그 시간에 자기 계발을 위해 좀 더 투자하는 사람으로 변하게 되는 것이다.

이런 사람과의 만남을 20대부터 쭉 이어온 사람의 미래는 반드시 밝다. 비록 현실은 고달프고 힘들지라도 좋은 사람과의 만남을 유지하는 사람은 반드시 성공한다. 그 사람들을 통해 긍정의 에너지를 받고, 그 사람들처럼 변하고 싶다는 강한 열망을 갖게 되기 때문이다.

또한, 누구를 만나든 항상 나보다 더 나은 사람들을 만나는 것도 많은 도움이 된다. 나보다 더 못한 사람들 사이에서 인정을 받고, 혹은 나를 찬양하는 그런 모임은 아무런 도움이 되지 않는다. 오히려 내가 더 주눅 들지라도 나보다 훨씬 더 나은 사람들과 어울리려는 습관을 들여야 한다.

나보다 더 나은 사람과의 모임은 일단 내가 그 사람들의 말을 계속해서 경청하게 만들어준다. 그리고 하나라도 더 배우기 위해 모든 감각을 동원하여 집중해서 듣게 된다. 반대로 나보다 더 못한 사람과의 만남에서는 내가 대장인 것처럼 내 말만 계속하게 된다. 마치 내가 그들 사이에서 왕이거나 여왕인 것처럼 착각하게 되는 것이다. 이런 만남을 지속하는 사람은 계속해서 자신보다 더 못난 사람들을 찾게 되고, 더 못난 사람과의 만남을 지속시킬수록 자신의 인생도 뒤처지게 된다는 것을 느끼지 못하게 된다. 여전히 자신은 왕이거나 여왕인 것처럼 착각하는 인생을 살게 되는 것이다.

지금 내가 만나고 있는 사람들은 어떤 종류의 사람인지 한번 생각해보자. 내게 긍정의 기운을 주는 사람들인가? 아니면 만날 때마다 나에게 부정의 기운을 안겨주는 사람들인가? 만일 긍정의 기운을 주는 사람들로 넘쳐난다면, 당신의 삶은 성공으로 변할 것이다.

　반대로 지금 만나는 사람들이 대부분 부정적인 사람들이라면, 당신이 인간관계를 단절시키지 않는 한, 당신의 미래는 현재와 같거나 오히려 현재보다 더 못할 것이다. 현재보다 더 나은 미래를 꿈꾼다면 지금 당장 그 사람들과의 관계를 끊어내야만 한다. 당신이 어떤 선택을 하느냐에 따라 당신의 미래가 달라질 것이다.

2
_____

배움을 돈으로 바꾸는 법

철없던 시절, 직장을 열심히 다니는 것만 인생의 목표로 삼다

나의 학창 시절을 떠올리면 가난함이 먼저 떠오른다. 가난, 어려운 집안 형편은 늘 나를 주눅 들게 했고, 무엇을 배우고 싶다는 생각이 나면 제일 먼저 돈 걱정을 했다. 그래서 나는 이번 생은 배움과는 거리가 멀었다고 치부하고, 배움을 멀리하려고 했으며 고등학교 역시 여상을 갔다.

빨리 돈을 벌어야겠다는 생각이 간절했고, 그 생각이 커질수록 우리 집의 가장이 마치 나인 것처럼 느껴졌다. 그래서 여상을 졸업한 후, 어떤 고민도 없이 나는 바로 취업을 했다. 내게 대학교는 의미가 없었다. 배움은 나와는 상관없는 것이었기 때문이다.

가끔 대학교에 다니고 있는 친구들의 대학 생활 이야기를 들으면, 별 감흥이 없었다. 내 삶의 원동력은 항상 돈이었고, 대학교 생활을 재미있게 하는 친구들은 내게 철부지처럼 느껴졌다.

그렇게 열심히 직장 생활을 하며, 나름 열심히 돈을 모으고 있다고 생각했다. 그리고 이렇게 계속해서 직장을 열심히 다니기만 하면 가난에서 금방 탈출할 수 있다고 생각했다. 그래서 나는 직장에 다니는 것이 즐거웠다. 그리고 대학교를 나오지 않은 내가 유일하게 할 수 있는 것은 열심히 직장 다니는 것이 전부라고 생각했다.

하지만 직장을 5년 차 다니고 있을 때쯤, 나는 갑자기 내 인생에 회의감이 들었다. 그리고 내게 이렇게 묻게 됐다.

'동희야, 굳이 네가 돈을 벌 방법이 직장을 열심히 다니는 것밖에 없니? 그게 전부니?'

이런 질문을 나 자신에게 하고 난 후, 나는 며칠을 고민했다. 정말로 내가 돈을 벌 방법은 이렇게 열심히 직장을 다니는 것밖에는 없을까? 이렇게 열심히 직장만 다니다 보면 내 인생의 변화가 있을까? 이런 고민을 하며 30대가 됐을 내 모습을 상상하니 여전히 같은 직장을 다니면서 월급을 받고 있을 내 모습이 떠올랐다. 물론 남들처럼 30대가 됐다면 나 역시 결혼을 했을 것이고, 내 아이도 있을 것이다. 그때도 이 직장을 계속 다니고 있다면 나는 쭉 돈을 벌 수 있을까? 아이를 낳고 나서도 나는 직장을 그만두지 않고 계속 다닐 수 있을까?

20대 중반의 나이였지만, 나의 이런 고민은 매우 진지했다. 처음으로 내 인생에 대해 자세하게 들여다보게 된 것이다. 진지하게 고민할수록, 내가 계속해서 이 직장을 다닐 수 있다는 보장은 없다는 결론이 나왔다. 한국 여성들을 보면, 대부분 결혼을 하고 나서 경단녀가 된다. 자신의 의지와는 상관없이 어쩔 수 없는 현실로 인해 경단녀가 되는 것이다.

심지어 최근에 본 영화 〈82년생 김지영〉 역시도 그런 안타까운 현실을 적나라하게 보여준다. 능력 있는 서울대생 출신의 동네 주민이 아이를 낳고 난 후 경단녀가 되고, 집에서 하는 유일한 취미가 고등학교 수리영역을 푸는 것이다.

그 아까운 재능을 결혼한 후, 제대로 발휘하지 못하고 집에서 혼자서 재능을 펼치는 것이다. 아직도 자신에게는 탁월한 능력이 있다는 것을 집이라는 한정된 공간에서 자기 자신에게 위안을 주며 그렇게 수학 문제를 푸는 것이다.

나의 배움으로 돈을 벌겠다고 결심하다

나는 경단녀가 되고 싶지 않았다. 나는 내 인생을 온전히 나만의 것으로, 그리고 그만큼 성공하고 싶었다. 그래서 직장을 계속 다니게 된다면 나 또한 〈82년생 김지영〉에 나온 경단녀 주민 중 한 사람이 되리라는 것이 불 보듯 뻔했다.

문득 어떻게 해야 또 다른 방법으로 돈을 벌 수 있을지 고민했다. 그런 후, 무엇인가를 열심히 배우고 나면 그 해답을 찾을 수 있을 것만 같아서 그날부터 나는 열심히 자기 계발을 했다. 자기 계발에 투자하는 돈을 아깝게 생각하지 않고, 최대한 나를 위해 투자했다. 열심히 투자한 만큼, 그 길이 반드시 보이리라 생각했다.

그러다가 나는 우연히 『백만장자 메신저』라는 책을 보게 됐다. 그리고 그 책을 읽고 난 후, 나는 엄청난 충격에 빠졌다. 내가 그토록 원했던 돈을 벌 방법이 그 책에 모두 다 제시되어 있었다.

메신저의 삶을 살라니? 그것이 무슨 소리일까 싶을 수 있겠지만, 간단히 설명하자면 이렇다. 우리는 모두 우리만의 고유한 콘텐츠를 가지고 있다. 그 콘텐츠는 내가 알고 있는 지식, 경험 등 무엇이든 좋다. 그것을 누군가에게 그냥 설명하는 것이 아니라 어느 정도의 대가를 받고 그 콘텐츠를 누군가에게 파는 것이다.

그 삶이 바로 메신저의 삶이며, 이 책을 쓴 지은이는 메신저의 삶을 통해 백만장자가 된 것이다. 책을 읽고 나니 내 심장이 마구 요동쳤다. 그리고 당장 나도 메신저의 삶을 살아야겠다는 각오를 하게 됐다.

20대 당시, 내가 유일하게 잘하는 것이 있다면 그것은 바로 이야기를 조리 있고 재미있게 하는 것이다. 그래서 내 이야기를 듣고 난 후, 친구나 후배들은 내게 항상 이런 말을 했다.

"동희야, 네 이야기를 듣고 있으면 힘이 느껴져. 그리고 나도 빨리 뭔가를 해야 할 것만 같아."

그 책은 순식간에 배움을 돈으로 바꾸는 법에 대해 알려줬고, 나는 그 책을 통해 나 역시 메신저의 삶, 그리고 동기 부여가로서의 삶을 살아가겠다고 결심했다. 그리고 그 큰 결심을 이뤄서 나 역시 반드시 성공하고 싶었다. 나 또한 백만장자의 삶을 살고 싶었다.

그래서 나는 제일 처음 책을 썼다. 내 삶의 지혜와 경험이 담긴 그런 책을 썼다. 결과는 성공적이었다. 나의 책을 보고 감동을 한 사람들에게 끊임없이 메일이 쏟아졌다. 그리고 내 책을 본 후 여러 곳에서 강연 요청이 들어왔다.

나 역시 그 책의 주인공처럼 나의 배움으로 그렇게 돈을 벌게 된 것이다. 그 이후, 내 삶은 몰라보게 달라졌다. 책을 쓰기 전, 나는 과감하게 직장을 그만뒀으며 그때의 선택은 탁월한 선택이었다. 그 선택을 한순간, 나는 바로 메신저의 삶을 살게 된 것이다.

나는 지금도 메신저의 삶을 이어가고 있으며, 오늘도 누군가에게 동기를 유발하는 동기 부여가로서의 삶을 살고 있다. 이렇게 배움을 돈으로 바꾸는 메신저의 삶은 나와 나의 배우자인 김도사의 자산을 150억을 향해 가게 했다.

당신도 당신만이 유일하게 가지고 있는 지식, 경험이 있다. 그리고 그것을 당신만의 고유한 콘텐츠로 만들 수 있다. 당신이 콘텐츠를 만들고 나면, 그 지식을 필요로 하는 사람은 반드시 당신에게 대가를 지불하고서라도 그 지식을 사려고 할 것이다.

즉, 우리는 모두 메신저로서의 삶을 살 수 있다. 그리고 그렇게 살아야만 한다. 당신도 메신저의 삶을 살고 싶은데 방법을 모르겠다면 〈한국책쓰기1인창업코칭협회〉의 김도사와 나 권마담을 찾아오면 된다. 우리는 당신이 빠르게 메신저로서의 삶을 사는 방법을 알려줄 것이다.

배움을 돈으로 바꾸는 방법은 간단하다. 당신의 지식을 콘텐츠로 만들면 된다. 그리고 그것을 간절하게 필요로 하는 많은 사람에게 대가를 받고 콘텐츠를 팔면 된다. 과거 20대의 나처럼 경단녀를 걱정하고 있다면 당장 메신저로서의 삶을 살아라. 메신저에게 있어서 경단녀란 결코 있을 수 없다. 당신의 지식과 경험은 당신이 살아 있는 한, 계속해서 메신저로서의 삶을 살 수 있도록 도와줄 것이다.

3
_____

공부보다 경험과 지혜가 중요하다

공부가 인생의 다가 아니다

우리가 인생을 살면서 의무적으로 해야 하는 공부는 총 몇 년일까? 우리는 인생을 살면서 의무교육이라는 명목 하에 대부분의 시기를 공부하는 데 많은 시간을 쏟아야만 한다. 초등학교 6년, 중학교 3년, 고등학교 3년 최소 12년이라는 시간을 '공부'를 해야만 하는 시기로 의무 짓는 것이다.

고등학교 생활은 또 어떠한가? 아침부터 밤까지 공부만 하라며 모든 시간을 학교에 앉아 있어야만 한다. 7시부터 학교에 도착해서, 야간 자율학습까지 끝마치고 집에 돌아가면 대부분 밤 10시~11시를 향해 간다.

다음 날 역시 마찬가지다. 아침 일찍부터 학교에 가야만 하고, 학교에 간 순간부터 밤이 될 때까지 그렇게 학교에서 공부로 모든 하루를 다 보낸다.

이렇게 공부를 종일 하고 나면 어느덧 수능이라는 산이 기다리고 있고, 수능을 보고 나서 우리는 또다시 공부해야 한다는 생각으로 대학교에 간다. '이렇게까지 공부했는데, 또 대학교에 가서 공부해야 해?'와 같은 고민의 여지없이, 다른 친구들이 대학교에 가니까 자신도 별생각 없이 대학교에 가게 된다.

그동안 이어져 온 공부를 이제 대학교에 가면 그만해도 될까? 그 또한 아니다. 다시 또 취직이라는 것을 향해 공부하게 되고, 이때의 공부는 고등학교 시절의 공부보다 한 차원 더 높은 힘든 공부를 하게 된다.

스펙을 쌓기 위해 고군분투하며, 새벽부터 밤까지 학원에 다니느라 바쁘다. 그런 후 취직을 하게 된다면, 이제 정말로 인생을 즐기면서 살게 되는가? 그 또한 아니다. 이제는 승진이라는 숙제가 또다시 내 발목을 잡게 된다. 그래서 승진을 위한 공부를 다시 또 하게 되는 것이다. 남들보다 더 빨리 승진을 하기 위해 최선을 다해서 공부하게 되고, 최선을 다해서 공부한 만큼 자신이 원하는 위치만큼 승진하게 된다. 승진하고 나면, 어느새 퇴직을 바라보는 나이가 된다. 그렇게 모든 인생을 공부에 투자한 후, 퇴직하고 나면 그 사람의 인생은 과연 잘 살았다고 칭송받는 인생일까?

초중고 12년, 대학교 4년, 그리고 직장에서의 승진 공부까지 마치면 어느새 퇴직이 코앞이다. 그 후에 퇴직하고 나면 남는 것이 아무것도 없다. 길거리에 지나다니는 나이 많은 할아버지, 할머니에 불과하다. 아무리 열심히 공부하고, 아무리 열심히 승진했어도 결국은 남들 보기에 이들 또한 흔하디 흔한 할머니, 할아버지 정도로만 보이는 것이다.

그렇다면 우리는 왜 이렇게도 공부에 목숨을 거는 걸까? 무엇을 위해서 이렇게도 공부라는 것에 온 열정과 시간을 다 쏟는 걸까? 대답은 간단하다. 바로 내 꿈이 무엇인지 정확하게 모르기 때문이다. 그리고 내가 공부를 하는 과정이 내 꿈을 실현하는 과정이라는 착각에 빠져 살고 있기 때문이다.

공부만 하며 살다 보면 우리는 우리 인생에서 놓치게 되는 것들이 너무나 많다. 그리고 인생에는 다양한 길이 존재하지만, 오직 공부와 관련된 길만 바라보게 된다. 그래서 세상을 더 좁은 시야로 바라보게 되고, 공부와 관련이 되지 않은 분야는 마치 내가 가야 할 길이 아닌 것처럼 외면해버린다. 세상에는 너무나 많은 길이 있고, 너무나 많은 세상이 있는데 철저히 공부라는 것 하나만을 바라보며 세상과 단절하는 것이다. 하지만 인생을 살 때 공부라는 것은 조금 더 편한 삶을 위한 아주 작은 하나의 수단에 불과하다. 그것이 마치 이 세상을 완벽하게 살기 위한 완벽한 수단이라고 생각한다면 그 생각을 버려야 한다. 그것은 철저한 착각이자 오해다. 오히려 공부를 바라보던 시선을 다른 곳으로 돌린다면, 당신이 이 세상에서 배워야 할 것이 너무도 많다는 사실을 깨닫게 될 것이다.

다양한 경험은 인생을 바라보는 시야를 넓혀준다

공부만을 하게 된다면, 내가 원하는 꿈도 공부와 관련된 것에만 한정짓게 된다. 그렇게 되면 다양한 지혜를 얻지 못하고, 어떤 시련에 닥칠 때마다 자신이 배웠던 공부와 연관 지어서 해결하려고 한다. 다양한 경험을 통해 지혜를 쌓은 사람은 이런 사람의 행동을 이해하지 못할 것이다. 그리고 그 사람의 행동이 무척 답답하게 느껴질 것이다.

다양한 경험을 한 사람은 그만큼 인생을 바라보는 시야가 넓어진다. 그리고 하나의 문제를 바라볼 때도 다양한 각도로 그 사건을 바라보게 된다. 그래서 문제를 더 쉽게 해결할 수 있다. 그래서 그 사람에게는 남들이 생각하는 무게만큼의 어려움으로 느껴지지 않는다.

나 역시 20대 시절, 더 나은 내 삶을 위해서는 부지런히 책 읽는 것만이 전부라고 여겼다. 그래서 직장에 다니며 시간 내서 열심히 책을 읽는 것이 성공한 인생이라고 생각했다. 책 한 권을 다 정독하고 나면 그렇게 뿌듯할 수가 없었다. 이미 성공을 향해 나가는 기분이 들기 때문이다.

하지만 계속해서 책을 읽는데도 내 삶에는 아무런 변화가 없었다. 그냥 직장을 다니며 열심히 책을 읽는 평범한 사람 중의 하나에 불과했다. 그래서 나는 책만 읽지 말고, 책 속의 내용을 직접 실천해봐야겠다고 생각했다.

그때부터 나는 소설책을 읽지 않고 성공한 사람들의 자기 계발서를 봤다. 그리고 성공한 사람들이 책 속에서 말하는 모든 내용을 다 실천하고 경험했다. 하루를 빨리 시작하라고 하면, 나 또한 새벽 일찍 일어나서 하루를 시작했다. 자기 계발을 하는 돈을 아깝게 생각하지 말라는 말에 내 월급의 대부분을 자기 계발을 하는 데 투자했다.

이렇게 사소한 것부터 조금씩 변하니 다양한 경험을 하게 됐다. 다양한 사람들을 만나게 되고, 그 속에서 삶의 지혜가 보였다. 그리고 미처 생각하지도 못했던 나의 꿈이 보이기 시작했다. 책만 읽었을 때의 내 모습에서는 전혀 떠오르지 않았던 모습이었다. 나도 작가가 되고 강연가가 돼서 누군가에게 꿈을 심어주는 동기 부여가가 되고 싶다는 꿈이 생긴 것이다.

책만 읽지 않고, 내가 직접 경험한 덕분에 나는 내가 정확하게 원하는 것을 파악할 수 있게 됐다. 그래서 나는 작가가 되고 강연가가 됐다. 그리고 누군가에게 꿈을 심어주는 '드림자기계발연구소장' 또한 됐다. 지금은 그 꿈에서 한 발짝 더 나아가, '위닝북스'의 대표이자 〈한국석세스라이프스쿨〉의 대표가 됐다.

우리 인생에서 경험은 매우 중요하다

20대 때 나의 경험이 나를 이렇게 성장시켜줬다. 만일 내가 계속해서 책만 읽었다면, 나는 내가 진정으로 원하는 것이 무엇인지 파악하지 못했을 것이다. 그래서 지금 '위닝북스'의 대표가 되지 않았을 것이며, 〈한국석세스라이프스쿨〉의 대표 또한 되지 않았을 것이다.

여전히 바쁜 직장 생활을 하며, 없는 시간을 쪼개 열심히 책만 읽고 있는 그런 삶을 지금까지도 유지했을 것이다. 이처럼 우리 인생에서 경험은 매우 중요하다. 특히 20대 시절에는 다양한 경험을 해야 한다. 이 세상에는 공부로는 도저히 알 수 없는 것들이 무수히 많다. 공부만 해서는 절대로 알 수 없는 지혜가 곳곳에 숨어 있다는 말이다.

어떤 경험에 먼저 도전할지 고민이라면, 나처럼 성공한 사람들의 책을 읽으며 그들처럼 똑같이 따라 해보는 것도 많은 도움이 된다. 그들이 경험했던 내용을 그대로 또다시 모방한다고 해서 지혜를 얻지 못하는 것은 결코 아니다. 나 또한 그대로 모방을 했으며, 그것을 통해 다양한 경험을 했다. 그리고 그 과정에서 나의 꿈이라는 지혜를 얻게 됐다.

우리가 이 세상을 얼마만큼의 크기로 보느냐에 따라 내 꿈의 크기가 정해진다. 공부라는 한정된 시야로만 이 세상을 바라본다면 딱 그만큼의 꿈만 내게 다가온다. 하지만 공부가 아닌 다양한 경험을 한다면, 이 세상을 바라보는 크기가 무수히 많이 커진다. 그리고 그 크기는 경험을 할수록 더욱 커진다. 커지는 만큼 큰 꿈이 나를 기다리게 되고, 그 꿈을 이뤄가는 과정은 공부로 이뤄가는 과정보다 더 많은 지혜와 깨달음을 얻게 해주는 과정일 것이다. 그러므로 앉아서만 하는 공부가 인생의 전부가 아니라는 것을 꼭 깨달아야 한다.

지식과 경험을 돈으로 바꾸는 기술을 배워라

4차 산업혁명 시대, 지식이 곧 재산인 시대다

김선달 하면 떠오르는 대표적인 일화가 바로 대동강 물을 팔아먹은 이야기다. 김선달은 대동강에서 물을 길어오는 사람들에게 뜬금없이 자신의 돈을 줬다. 그리고 다음 날, 다시 대동강 물을 뜨러 올 때 자신이 준 돈을 돌려달라고 요청했다. 다음 날 사람들은 약속한 대로 대동강 물을 길어갈 때, 전날 김선달에게 받았던 돈을 돌려줬다. 이를 본 외지의 행인은 돈을 받는 김선달의 행동을 보고 의아해했다. 그리고는 김선달에게 이렇게 물었다.

"지금 무엇을 하기에 사람들이 당신에게 돈을 줍니까?"

이 말에 김선달은 이렇게 답했다.

"저는 지금 대동강 물을 사람들에게 팔고 있습니다. 그래서 사람들이 물을 길으러 올 때마다 제게 돈을 내는 것이지요."

돈 욕심이 많았던 그 외지인은 김선달에게 대동강을 자신에게 팔 것을 요청했다. 그리고 김선달에게 큰돈을 준 후, 대동강 물을 팔 수 있는 권한을 샀다. 다음 날이 된 후, 외지인은 들뜬 마음에 대동강으로 향했다. 그리고 대동강에 물을 뜨러 오는 사람들에게 돈을 요구했다. 하지만 어떤 사람이 그 외지인에게 물값을 주겠는가? 나중에서야 그 외지인은 김선달에게 속았다는 것을 깨달았으나, 이미 때는 늦고 말았다.

이 일화 외에도 김선달의 지혜와 관련된 다양한 일화가 있다. 이미 쉰 팥죽을 초 친 팥죽이라고 하면서 비싼 가격에 팔았던 일화, 남의 옷을 입고 먹을 것을 공짜로 얻어먹은 일화 등이다.

만일 김선달이 4차 산업혁명인 지금 이 시대에 태어났다면 어떤 삶을 살게 됐을까? 4차 산업혁명 시대는 말 그대로 지식이 재산인 시대다. 그래서 누군가의 지식과 경험이 결국 돈으로 이어지게 된다. 오죽하면 대학교에 지식재산학과라는 학과까지 생겼겠는가? 그만큼 앞으로도 우리의 지식, 경험, 지혜가 중요시될 것이며 그것은 바로 재산과 돈으로 연결이 될 것이다.

김선달은 무척 영리하고 뛰어난 인물이었다. 그런 그의 지혜 덕분에 4차 산업혁명과는 무관한 시대에 태어났음에도, 그는 영리하게 돈을 벌었다. 지금 사회가 요구하는 그런 지식과 지혜를 통해 돈을 창출한 것이다. 그래서 아마 김선달이 지금 이 시대에 태어났다면, 그는 엄청나게 성공한 인물이 됐을 것이다. 그의 지식을 활용해서 몇조 원의 자산가가 되지 않았을까 하는 생각도 해본다. 이렇듯 4차 산업혁명 시대를 달려가는 요즘, 우리는 김선달의 태도를 본받아야 한다.

단순히 공부만 열심히 해서 좋은 직장에 들어가 돈을 잘 버는 시대는 이제 지났다. 이제는 나의 지식과 경험을 돈으로 바꾸는 기술을 배워야만 한다. 그래야만 더욱 성공적인 삶을 살 수 있고, 이 시대가 요구하는 그런 직업을 가질 수 있다. 단순히 가난에서 벗어나고자 열심히 살아오던 20대의 어느 날, 나는 외국을 다녀온 후 내 삶의 방향이 달라졌다.

그리고 스물여섯 살이 됐을 때, 내게 '동기 부여가'가 되고 싶다는 확고한 꿈을 갖게 됐다. 그런 꿈을 갖고 있을 찰나에 나는 우연히 서점에서 김태광 작가의 『10년 차 직장인, 사표 대신 책을 써라』를 보게 됐다. 그 책의 내용을 한마디로 표현하자면 이렇다. 바로 "성공해서 책을 쓰는 것이 아니라, 책을 써야 성공한다."였다.

이 책을 읽고 난 후, 내 가슴은 심하게 요동치기 시작했다. 그리고 나 또한 동기 부여가가 되려면 무조건 책을 써야겠다는 생각이 들었다. 내 지식과 경험을 책을 통해 누군가에게 알려준다면 분명 나는 내 꿈을 이룰 수 있으리라는 확신이 들었다. 내 예상은 적중했다. 실제로 나의 첫 번째 책 『당신은 드림 워커입니까』를 통해 내 이름, 권동희라는 이름을 전국에 퍼뜨릴 수 있었다. 나는 가만히 있지만, 내 책이 부지런히 나를 홍보해줬고, 나를 홍보해주는 만큼 나 또한 돈을 벌 수 있었다.

강연과 저자 사인회, TV 출연, 특강 등 정신없는 하루하루를 보내게 됐다. 내 지식과 경험을 단지 책으로 썼을 뿐인데 그것으로 인해 내 인생이 몰라보게 달라진 것이다. 그렇게 책을 통해 나는 단숨에 '동기 부여가'라는 꿈을 현실에서 마주하게 됐다. 그리고 책을 통해 현재 나는 사업가이자 작가, 멘토, 강연가 등 다양한 역할을 해내며 바쁜 하루하루를 살고 있다. 나는 김태광 작가의 책 내용처럼 성공하고 싶어서 책을 썼다. 그랬더니 정말로 나는 성공했다. 내가 이루고 싶었던 모든 꿈을 책을 통해 다 이루게 된 것이다. 그래서 지금 나는 정말로 행복한 나만의 인생을 만드는 중이다.

성공해서 책을 쓰는 것이 아니라 책을 써야 성공한다

앞서 언급한 김선달 또한 지금 이 시대에 태어나서 책을 썼다면, 그 또한 엄청난 동기 부여가 됐을 것이다. 아마도 김선달의 책은 금방 베스트셀러가 됐을 것이다. 그리고 그의 지식과 경험을 배우기 위해 많은 사람이 많은 돈을 들고서라도 그의 앞에 줄을 섰을 것이다. 이처럼 나의 지식과 경험을 돈으로 바꾸는 기술은 간단하다. 내가 가지고 있는 지식과 경험을 20대의 나처럼 책으로 쓰는 것이다. 책은 평범한 사람일수록 더욱 써야 한다. 나의 배우자이자 현재 〈한책협〉의 대표인 김도사는 수많은 사람에게 작가의 삶을 선물해주고 있다. 나 또한 그 많은 사람 중의 한 사람이었다.

평범했던 내가 성공할 수 있었던 방법은 책 쓰기가 전부였다. 그리고 책을 쓰고 난 후, 나는 똑같은 일상생활을 하고 있지만 내 이름으로 된 내 책이 전국 곳곳에 나를 홍보하고 있었다. 매일매일 메일이 쏟아졌고, 강연이 빗발쳤다. 너무 신기했다. 그리고 신기한 만큼 내가 성공했다는 것을 느낄 수 있었다.

그제야 나는 "성공해서 책을 쓰는 것이 아니라 책을 써야 성공한다."라는 의미를 머리가 아닌 가슴으로 이해하게 됐다. 내 가슴으로 이해하고 나니 나는 더욱더 많은 꿈을 그리고 싶었다. 그리고 그 꿈에 계속해서 도전하고 싶었다.

나의 도전과 경험이 쌓일수록 그것 또한 나의 지식이 될 것이다. 그리고 그것을 내가 또 책을 써서 낸다면 내 책을 본 누군가 역시 나의 지식과 경험을 배우게 될 것이다. 그 덕분에 나는 또 나의 지식과 경험을 그렇게 돈으로 바꿀 수 있는 시스템을 만들 수 있는 것이다. 결코, 내가 뛰어나서 책을 쓴 것이 절대 아니다. 20대의 나는 잘하는 것이 하나도 없었다. 잘하는 것이 하나 있다면 '스토리텔링' 정도가 전부였다. 그랬던 나역시 책을 써서 성공했다. 내가 책을 잘 쓸 수 있었던 비결을 꼽자면 그것은 내가 그 당시 당신처럼 평범했던 일상을 보내고 있었기 때문에 책을 잘 쓸 수 있었던 것이다.

나의 지식과 경험을 돈으로 바꾸는 기술은 간단하다. 나의 지식과 경험을 책으로 세상에 알리는 것이다. 책으로 나의 지식과 경험을 알린다면, 당신 또한 나처럼 당신의 꿈을 순식간에 이룰 수 있다. 그리고 당신의 그런 지식과 경험을 배우기 위해 많은 사람이 당신 앞에 줄을 설 것이다. 그러므로 당신의 지식과 경험을 돈으로 바꾸고 싶다면 지금 당장 책을 써라. 그것만이 오직 유일한 기술이다.

5

실패는 인생의 폭을 넓게 만들어준다

실패 덕분에 꿈을 바라보게 되다

현재 나는 10년 차 초등학교 교사다. 나는 내 인생 한 번의 큰 실패 덕분에 초등학교 교사라는 직업을 갖게 됐다. 그리고 그 실패 덕분에 나는 나라는 사람에 대해 잘 파악하게 됐고, 내 인생의 주인이 됐다. 그리고 그때의 그 실패가 현재까지 나에게 꿈을 향해, 더 나은 미래를 향해 살며 끊임없이 채찍질하고 있다.

나는 고등학교 1학년 때까지 공부를 썩 잘하지 못했다. 시험 기간이 다가오면 시험 보기 일주일 전부터 벼락치기를 하기 일쑤였다. 그만큼 공부보다는 친구들과 어울리는 시간을 더욱 중요하게 생각했다.

그런 일상을 반복하던 어느 날, 나는 엄격한 두발 검사를 계기로 엄지손가락이 심하게 다칠 정도로 매를 맞았다. 내가 심하게 매를 맞은 이유는 단순했다. 공부를 못하는 아이의 머리카락이 갈색이라는 이유에서였다.

그 일을 계기로 나는 공부를 열심히 해야겠다는 다짐을 하게 됐다. 그리고 어떻게든 공부를 잘하는 학생이 되리라 다짐했다. 그때의 다짐으로 나는 고등학교 3학년 때 내신으로는 반에서 1~2등을 차지했다. 하지만 고 3, 수능이라는 거대한 산에서 나는 굴복 당했다. 그해 나의 수능 점수는 처참했다.

처참한 점수는 나에게 나의 의지와는 상관없이, 단지 내 점수에 맞는 대학교에 진학하게끔 했다. 그리고 내게 큰 의미 없는 대학교를 생각 없이 다니고 있던 어느 날, 나는 갑자기 왜 이 대학교에 다녀야만 하는지에 대해 생각을 하게 됐다. 그리고 이 대학교를 계속 다니게 됐을 때의 나의 미래를 생각했다.

아무리 생각을 해도 나의 장래는 밝아 보이지 않았다. 그리고 생각을 할수록 내가 지금 다니는 대학교에 다닌다는 것은 시간을 버리고 있다는 의미와도 같다는 것이 느껴졌다. 그런 생각이 들수록 1년 동안 열심히 다닌 나 자신이 한심했다. 1년이라는 귀중한 시간을 쓸데없이 버렸다는 생각이 강하게 들었기 때문이다.

먼저 점수에 맞는 대학교를 들어간 것이 내게는 큰 실패였다. 그리고 그 실패를 실패로 생각하지 않고, 생각 없이 1년 동안 다녔던 내 모습 또한 실패였다. 하지만 그 실패 덕분에 나는 남들보다 더 일찍 나의 꿈에 대해 생각할 수 있었다.

꿈이 없는 인생은 가짜 인생이다

그 실패로 인해, 내 미래를 더 구체적으로 생각하게 됐다. 그리고 그 실패에서 나는 값진 교훈을 얻었다. 바로 꿈이 없는 인생은 가짜 인생과도 같다는 교훈이었다. 분명 나는 1년 동안 대학 생활을 열심히 했지만, 그 1년 동안의 내 모습은 가짜 모습이었다.

그래서 남들이 열심히 놀고 있기에 나 또한 생각 없이 놀았고, 친구들이 수강 신청하는 강의는 마치 내가 원해서 신청한 것처럼 그렇게 내 인생을 살고 있었다. 돌이켜 생각해보니, 그 1년이라는 시간 동안 내가 진정 정말로 원해서 했던 것들이 단 하나도 없었다. 하지만 고맙게도 1년이 지난 후, 그런 나의 가짜 인생을 보고 있던 내 맘속의 진짜 내 모습이 나타났다. 그리고 1년 동안 내가 했던 생각과 행동을 속속들이 생각할 수 있는 시간과 기회를 줬다. 그 덕분에 나는 실패를 인정할 수 있었고, 그 인정 덕분에 과감하게 대학교를 자퇴할 수 있었다.

자퇴한 후 내게 주어진 1년이라는 시간은 내 인생의 폭을 넓게 만들어준 귀중한 시간이었다. 남들이 선택하지 않는 혼자 공부, 즉 독학이라는 것을 선택하게 됐고 그 독학 덕분에 나는 나라는 사람을 파악하게 됐다. 그리고 그 덕분에 내 인생의 구체적인 설계도를 체계적으로 만들 수 있었다.

우리의 인생에서 실패는 매우 중요하다

실패는 나에게 혼자서 일어서는 힘을 실어줬다. 그리고 나라는 사람이 어떤 사람인지 매우 구체적으로 알 수 있었다. 그리고 그 덕분에 나는 내 꿈을 실현할 수 있었다. 만일 나에게 실패라는 것이 존재하지 않았다면, 나는 지금도 가짜 인생을 살고 있었을 것이다.

그리고 계속 이어진 가짜 인생은 내 인생의 폭을 넓게 만들어주지 못했을 것이다. 나라는 사람을 제대로 파악하지 못했을 것이며, 내 꿈이 무엇인지 끝내 알지 못했을 것이다. 또한, 내 인생의 구체적인 설계도를 만들지 못해서, 늘 허덕이는 삶을 살았을 것이다. 이처럼 우리 인생에서 실패는 중요하다. 일단 우리가 '실패'라는 단어로 정의하고 있는 모든 것들은 결코 실패가 아니다. 단지 실패라는 말을 빌려 표현했을 뿐이지, 그 어떤 것도 우리 인생에서 실패라는 패배를 주는 것은 없다는 말이다.

그래서 실패는 많이 하면 할수록 더욱 좋다. 특히 꿈이 없는 시기에는 더욱더 그렇다. 꿈이 없는 시기에는 다양한 경험을 하면서 다양한 실패를 맛봐야 한다. 그래야만 진정한 자신의 꿈을 발견할 수 있고, 그 실패 덕분에 자신의 인생 또한 더 넓은 시야를 통해 바라보게 된다.

실패는 우리의 시야를 넓혀준다. 좁혀졌던 내 시야를 더 넓은 세상을 바라볼 수 있게 만들어주는 것이다. 그래서 1번 실패를 맛본 사람보다 10번 실패를 맛본 사람은 세상을 더 넓은 눈으로 바라보게 된다. 그래서 더욱 성공에 가까워질 수 있고, 자신이 원하는 인생을 빠르게 만들 수 있는 것이다.

그러므로 실패를 바라보는 나의 태도는 매우 중요하다. 실패를 절대로 실패로 여기지 않고, 실패는 성공을 위한 길이라고 생각해야만 한다. 나의 태도를 바꿔야만 성공에 더 가까워지기 때문이다. 실패를 자꾸 두려워하고 피하려고만 한다면 절대로 나은 인생을 바라볼 수 없다. 그리고 그런 생각은 자꾸만 실패가 반복될수록 내 인생 자체가 실패한 것처럼 생각하게 된다.

성공한 대부분의 사람이 가진 공통점은 그들 모두 많은 실패를 맛봤던 사람들이라는 것이다. 그리고 그들은 실패를 두려워하지 않고, 성장의 한 과정이라고 여겼다. 그런 마음가짐 덕분에 그들은 인생의 폭을 넓힐 수 있었고, 그 넓혀진 만큼 인생에서 큰 성공을 할 수 있었던 것이다.

스티브 잡스는 서른 살에 본인이 직접 설립한 회사에서 버림을 받아 우울증에 시달리기도 했다. 비틀즈는 데카 레코즈로부터 음악으로는 전혀 장래가 밝지 않는 그룹이라는 말을 들으며 거절을 당했다. 이 두 가지의 상황만을 놓고 본다면 스티브 잡스, 비틀즈 모두 실패라는 것을 맛봤다. 하지만 지금 그들을 바라보는 우리의 시선은 어떠한가? 이들을 우리는 실패자로 낙인찍는가? 절대 그렇지 않다. 우리는 이들의 이름만 들어도 "대단한 사람들, 성공한 사람들."이라며 찬양한다. 그리고 그들을 성공한 사람들로 바라본다.

우리가 이들을 성공한 사람들로 생각하는 이유는 그들의 태도에서 비롯된다. 비록 실패라는 것을 맛봤을지라도 그들의 태도는 실패를 실패로 여기지 않았다. 더 나은 성장을 위하는 과정이라고 생각했기 때문에, 그 순간을 이겨낼 수 있었고 이렇게 우리에게 성공한 사람들로 인식되는 것이다.

우리는 실패를 한 만큼 '인생'이라는 게임에서 레벨 업을 할 수 있다.

그러므로 실패를 많이 하면 할수록 좋다. 레벨 업은 곧 내 인생의 폭을 의미한다. 실패를 많이 맛본 사람의 레벨 업은 계속 될 것이며, 그만큼 그 사람의 인생의 폭은 계속 넓어질 것이다. 인생의 폭이 넓은 사람은 세상을 더 넓은 안목과 시야로 바라보게 된다. 그 넓은 안목이 바로 성공의 지름길이다. 그러므로 내 인생에서 성공하고 싶다면 당신 또한 많은 레벨 업을 해야만 한다. 당신이 실패를 실패로 여기지 않고, 내 인생의 성공을 위한 발판이라는 것을 깨닫는 순간 더는 실패를 두려워하지 않을 수 있을 것이다.

6
_____

된다는 생각으로 끊임없이 도전해라

끊임없이 도전하면 꿈을 이룬다

무인도에 던져놔도 어떻게든 스스로 잘 살 것만 같은 연예인을 꼽으라고 한다면 당신은 누구를 말하겠는가? 나는 고민할 필요도 없이 김병만을 꼽을 것이다. 그는 우리에게 있어서 끊임없이 도전하는 사람으로 매우 유명하다. 즉 그는 도전의 아이콘이다.

김병만의 좌우명은 매우 간단하다. "열심히 해서, 잘하자."이다. 그래서 그는 개그맨을 목표로 삼던 시절부터 개그맨이 된 이후까지, 단 한 번도 쉬지 않고 무조건 된다는 생각으로 쭉 도전하고 있다. 그가 개그맨을 꿈꾸던 시절, 그는 열심히 했지만, 개그맨 시험에 7번이나 떨어졌다. 또한, 그는 무대 울렁증도 심했고, 사투리까지 구사하고 있었다. 하지만 이런 그의 모습에 그는 자책하지 않았다. 오히려 무조건 된다는 생각으로 더욱 치열하게 노력했다. 그래서 그는 사투리를 고치기 위해, 낮에는 인적이 드문 여의도 한강 둔치 쓰레기장에서 대사를 연습했다. 밤이면 잠을 줄여가며 볼펜을 입에 물고 끊임없이 대사를 연습했다. 그의 이런 노력과 도전이 있었기에 그는 개그맨이 되었다. 개그맨 시험에 떨어질 때마다 무조건 된다는 생각으로 다시 치열하게 도전했으며, 그 덕분에 개그맨 시험 합격이라는 결실이 그에게 선물처럼 주어진 것이다.

현재 〈한책협〉의 대표인 김도사 또한 도전의 아이콘이다. 김도사는 작가가 되고 싶다는 간절한 꿈을 품었던 20대 시절, 어려운 형편에도 불구하고 원고 쓰는 일을 포기하지 않았다. 단돈 1,000원이 없어서 라면을 사먹지 못하거나 굶주림에 시달리는 나날의 연속이었어도 그는 작가라는 꿈을 절대 포기하지 않았다.

그는 작가의 꿈을 위해 미친 듯이 원고를 썼지만, 원고를 받아주는 출판사는 어느 한 곳도 없었다. 매번 거절의 연속이었으며, 그렇게 출판사로부터 500번 가까이 퇴짜를 맞게 됐다. 우리가 생각하기에 500번이라는 퇴짜는 어마어마한 양이다. 하지만 그는 포기하지 않았다. 작가라는 꿈은 그 500번의 퇴짜를 넘어설 정도로 이루고 싶은 그의 간절한 꿈이었다. 그래서 그 꿈을 향해 더욱 끊임없이 도전했으며 그 도전 결과 7년이라는 세월이 지난 후, 그의 이름으로 된 첫 책이 출간됐다. 된다는 마음으로 끊임없이 도전했기에 결국은 작가라는 꿈을 이뤄낸 것이다.

내 생각과 나의 마음가짐만이 내 꿈을 이룰 수 있는 원동력이 된다

이처럼 우리의 생각은 매우 중요하다. 특히 내가 이루고 싶은 꿈을 바라볼 때는 더욱더 그렇다. 내 생각과 나의 마음가짐만이 내 꿈을 이룰 수 있는 원동력이 되기 때문이다. 만일 개그맨을 꿈꾸던 김병만이 무대 울렁증을 극복하지 못했다면, 지금처럼 정글을 누비고 다니는 프로그램을 찍을 수 없었을 것이다. 또한 〈한책협〉의 김도사가 500번이나 퇴짜를 맞았다는 이유로 작가의 꿈을 포기했다면, 다른 누군가에게 '작가'의 삶을 선물해주는 그는 존재하지 않았을 것이다. 이 모든 것이 다 된다는 생각으로 끊임없이 도전했기에 결국은 이뤄낸 결실이다. 그러므로 우리는 무엇을 시작하기 전, 항상 된다는 마음가짐으로 시작을 해야 한다. '무조건 된다.'라는 마음가짐으로 이뤄낸 성과물과 '과연 될까?'라는 의구심을 가진 성과물을 비교해보면 엄청난 차이가 난다.

무조건 된다는 마음가짐으로 도전을 하게 된다면, 어떻게든 되는 방향으로 만들기 위해 최선을 다하게 된다. 나의 모든 시간과 에너지를 쏟아서라도 어떻게든 되게끔 만드는 것이다. 그러므로 된다는 생각을 하는 것은 매우 중요하다. 설령 내가 이루고자 하는 꿈에 대한 방해물이 있을지라도 '된다는 생각'은 그것이 방해물로 여겨지지 않게끔 도와준다. 그것 또한 내 꿈을 이루기 위한 하나의 과정으로 받아들이게 된다. 그래서 그 방해물이 내가 넘지 못할 거대한 산처럼 느껴지는 것이 아니라 평지 같은 느낌으로 내게 다가오는 것이다.

하지만 반대로 '과연 될까?'라는 마음가짐으로 시작하는 사람들은 '무조건 된다.'라는 쪽으로 생각하지 않는다. 어떻게든 내게 안 되는 쪽으로만 생각하려고 한다. 그래서 그런 생각이 들 때마다 나의 많은 시간과 에너지를 굳이 이 일에 쏟을 필요가 없다고 생각하게 된다. 이런 생각이 들 때마다 방해물이 나타난다면, 그것 또한 엄청난 시련처럼 느껴지게 된다. 마치 자신이 해결하지 못할 것 같은 거대한 산처럼 여기는 것이다. 거대한 산으로 여길수록 그 방해물로 인해 할 수 없겠다는 마음이 든다. 결국, 그 마음으로 인해서 된다는 생각이 아닌, 되지 않는다는 마음으로 금방 포기하게 되는 것이다.

항상 된다는 마음가짐으로 무엇이든 도전해라

그 어떤 것도 쉽게 이룰 수 있는 것은 단 하나도 없다. 쉽게 이룰수록 도전의 가치를 알지 못하게 된다. 그리고 그만큼 실패와 시련을 견디지 못하게 되고, 견디지 못하는 만큼 더 큰 꿈을 향해 나가지 못하는 것이다. 그러므로 항상 된다는 마음으로 무엇에든 도전하려고 해야 한다. 특히 자신의 꿈을 이루고 싶은 시기에는 더욱더 그렇다. 단지 내가 이루고 싶은 꿈이 있다고 해서 그 꿈을 쉽게 얻을 수 있는 것은 결코 아니다.

그 꿈을 이뤄가는 과정 중 수많은 실패와 아픔, 시련을 겪을 것이며 그 모든 것들을 다 이겨내야만 나의 꿈이라는 것을 잡게 되는 것이다. 그 어떤 누구도 자신의 꿈을 쉽게 잡은 사람이 없으며, 쉽게 잡힌 꿈 또한 진정한 꿈이 아니다. 그러므로 실패와 아픔을 피하려고만 하지 말고 그것 또한 즐기는 자세로 임해라. 그리고 결국은 된다는 생각으로 도전해라. 도전하면서 그 꿈을 이뤘을 자신의 모습을 상상해라. 이미 이루고 난 뒤의 나의 모습을 구체적으로 상상할수록 더욱 그 꿈을 잡고 싶게 되고, 그만큼 그 꿈을 이루기 위해 치열하게 도전을 하게 된다.

상상의 힘은 위대하다. 특히 된다는 생각은 더욱더 그렇다. 된다는 생각과 그것을 이미 이룬 내 모습을 동시에 상상한다면 나의 도전은 절대 멈추지 않을 것이다. 종일 그 꿈에 매달리고 있는 자신의 모습을 볼 것이며, 많은 에너지를 쏟고 있는 자신을 볼 때마다 조금씩 꿈에 가까워지고 있다는 느낌을 받게 될 것이다.

현재 꿈을 이뤄나가는 과정이 힘들거나 포기하고 싶은 마음이 든다면 당장 상상하는 습관을 들여야만 한다. 포기하고 싶은 마음이 들 때마다 이미 그것을 이루고 난 뒤의 내 모습을 자꾸 상상해야 한다. 힘든 마음이 들 때마다 하루에도 수십 번씩 그 모습을 상상해야만 한다. 상상할수록 포기하려던 마음이 점점 하고 싶다는 마음으로 변하게 될 것이고, 하고 싶다는 마음은 결국 된다는 생각으로 변하게 될 것이다.

내가 원하는 꿈을 이미 이룬 사람들의 모습을 방 곳곳에 붙여두는 것도 많은 도움이 된다. 예를 들어, 만일 나 또한 작가가 되고 싶다면 500번의 퇴짜에도 불구하고 결국 된다는 생각으로 끊임없이 도전한 김도사의 사진을 붙여두는 것이다.

혹은 지금 개그맨의 꿈을 실현하고 싶다면, 7번이나 퇴짜를 맞았음에도 절대 포기하지 않았던 김병만의 사진으로 온 집안을 도배하는 것도 내 꿈을 이뤄나가는 데 많은 도움이 될 것이다. 포기하고 싶은 순간마다 이들의 사진을 바라본다면, 당신의 포기하려던 마음이 다시 도전하겠다는 마음으로 변하게 될 것이다.

무슨 일을 할 때의 나의 마음가짐은 매우 중요하다. 그 마음가짐으로 인해 내 선택이 달라지며, 그 선택으로 인해 내 인생이 달라지는 것이다.

내 마음가짐은 나에게 끊임없이 도전할 것인가, 혹은 금방 포기하고 끝낼 것인가의 갈림길에 서게 만든다. 내 마음가짐이 '과연 될까?'의 마음가짐이라면 당신은 금방 포기라는 길을 선택하게 된다. 하지만 당신의 마음가짐이 '무조건 된다.'라는 마음이라면 결국 당신은 끊임없이 도전하는 길을 택할 것이다. 그리고 결국 훗날, 그 결실을 당신의 눈으로 직접 보게 될 것이다. 그러므로 포기하지 말고 된다는 마음으로 끊임없이 도전해라.

시련 속에서 지혜를 얻게 된다

시련 속에서 가치 있고 지혜로운 삶을 찾을 수 있다

우주에 관한 3대 이론을 제창한 유명한 물리학자가 있다. 그는 스티븐 호킹이다. 우리가 스티븐 호킹의 이미지를 떠올리면, 휠체어를 타고 다니는 그의 모습이 연상된다. 그의 불편한 몸을 보면 잠시 측은함이 들겠지만, 우리의 그런 마음과는 다르게 그의 얼굴과 그의 표정은 항상 빛이 났다. 어디에서든 그 빛이 느껴졌다.

그는 어떻게 해서 장애를 극복하고 유명한 물리학자로 재탄생했을까? 스티븐 호킹 역시 대학생이 되기 전까지는 일상생활을 하는 데 아무런 지장이 없는 건강한 몸을 유지하고 있었다. 하지만 옥스퍼드 대학 3학년 때 갑자기 그는 신발 끈을 묶는 데 어려움을 느끼고, 넘어졌을 때 제대로 일어나지 못하는 신체의 변화를 느끼게 됐다.

호킹은 병원에 찾아갔지만, '근육위축가쪽경화증'이라는 희귀질환 판명을 받았다. 엎친 데 덮친 격으로 의사에게서 이 희귀 질환은 치료법이 없다는 안타까운 말까지 듣게 됐다. 이런 신체의 변화를 계기로 호킹은 급격하게 무너졌다. 그의 신체가 더욱 악화할수록 그의 마음 또한 병들어갔다.

우울증에 걸렸으며 그토록 좋아했던 공부도 지지부진했다. 공부에 도통 손이 잡히지 않았다. 죽음과 관련된 생각을 늘 하게 됐으며, 밤마다 악몽에 시달렸다. 그러던 중, 어느 날 갑자기 꿈에서 자신이 누군가를 구하기 위해 자신의 삶을 희생하는 꿈을 꾸게 됐다. 그 꿈을 계기로, 호킹은 자신에게 닥친 시련을 극복해야겠다고 생각했다.

시련 덕분에 호킹은 자신의 남은 삶은 더욱더 즐겁게 살아야겠다고 느꼈다. 그리고 어차피 죽어야 한다면, 뭔가 좋은 일을 남기고 죽어야겠다고 생각하게 됐다. 평범하게 공부를 잘했던 호킹은 시련을 겪은 후 더 큰 지혜를 얻게 된 것이다. 그의 이런 변화된 마음 덕분에 그의 병은 악화하는 속도가 점점 느려졌다. 그는 이전보다 더 즐겁게 살게 됐으며, 인생에는 소중하고 가치 있는 것들이 넘쳐난다는 것을 느끼게 됐다. 그리고 그 시련으로 인해 우주에 관한 3대 이론을 제창하게 됐다. 시련 속에서 잠시 좌절했지만, 시련으로 인해서 더욱 가치 있고 지혜로운 삶을 살다가 떠난 것이다.

시련은 우리가 인생을 배워나가는 하나의 과정이다

이처럼 우리 인생은 우리가 생각하지 못했던 시련을 맞닥뜨릴 때가 있다. 때로는 훌훌 털고 금방 일어설 수 있을 정도의 시련이 주어진다. 열심히 공부했지만 그만큼 성적이 잘 나오지 않았다면 그 정도의 시련은 아주 힘든 시련이 아니다. 그런 시련은 힘들다는 생각 없이, 금방 털어내고 이겨낼 수 있다. 하지만 때로는 우리가 정말로 감당하기 힘들 정도의 시련이 다가오기도 한다.

가까운 누군가의 죽음, 엄청난 사업 실패, 취업난 등 내가 감당하기 힘들 정도의 시련이 우리에게 주어질 때도 있다. 이때의 시련은 내 마음의 집 크기에 따라 시련을 감당하는 정도가 달라진다. 작은 시련에도 금방 굴복하고 포기해버리고 마는 사람들을 일컬어 우리는 '유리 멘탈 소유자'라고 부른다. 이런 사람들의 마음의 집은 매우 작다. 그리고 작은 시련에도 금방 휘둘리고 넘어져버린다.

그래서 이런 사람들에게는 시련은 곧 무너짐을 뜻한다. 시련을 마주치기 싫어하고 시련을 두려워한다. 그리고 그만큼 시련을 피하려고만 한다. 또한, 시련을 맞닥뜨렸을 때, 스스로 해결하려고 하지 않고 누군가의 도움을 통해서 그 고비를 넘기고 싶어 한다. 이렇게 되면 내게 주어진 시련 속에서 지혜를 얻을 수 있을까? 결코, 얻을 수 없다.

시련은 우리가 인생을 배워가는 하나의 과정이다. 즉, 나에게 주어진 어려운 숙제와도 같다. 내게 주어진 숙제는 내가 풀어야만 그다음 단계로 넘어갈 수 있다. 하지만 자꾸 어렵고 힘들다는 핑계로 그 숙제를 누군가에게 풀어달라고 하거나, 자꾸 무시해버린다면 다음 단계로 넘어가지 못한다.

넘어가지 못할수록 누군가와의 인생 속도가 달라지고, 인생 속도가 달라지는 만큼 그 사람의 인생은 뒤처지게 된다. 남들은 뛰어가고 있는데 이제야 막 걸음마를 떼는 수준인 것이다. 하지만 이런 사람들과는 반대로 어떤 시련이 닥쳐도 축복으로 여기는 사람들이 있다. 그런 사람들은 마음의 집이 매우 건강하고 탄탄하다. 그래서 자신에게 시련이 닥친다면 누군가에게 대신 풀어달라고 조르지 않는다.

스스로 해야 할 일이라고 생각하고, 시간이 걸리더라도 어떻게든 자신의 힘으로 해결하려고 노력한다. 그리고 시간이 오래 걸릴수록 시련 속에 숨겨진 많은 지혜를 얻게 된다. 쉽게 풀리지 않고 어렵게 풀리는 시련을 거쳐 가며 그의 인생 속도는 몰라보게 달라지는 것이다. 그래서 마음의 집이 튼튼한 사람들은 시련을 시련으로 여기지 않는다. 하나의 축복으로 여기며, 시련이 닥치는 것을 두려워하지 않는다. '이 시련 뒤에 나에게 엄청나게 좋은 일이 다가올 것이다.'라는 것을 예상하며 그 시련을 이겨내려고 노력한다.

시련을 이겨낸 뒤의 모습은 예전의 모습과는 매우 다를 것이다. 하나의 시련이 닥칠 때마다 그 속에는 다양한 삶의 지혜가 담겨 있다. 그래서 하나의 시련을 겪고 난 뒤의 모습과 두 개의 시련을 겪고 난 뒤의 내 모습은 확연히 달라진다.

시련은 우리 인생에서 반드시 거쳐야만 하는 관문이다

시련을 겪을수록 인생을 바라보는 관점이 더욱 넓어지고, 내 삶을 대하는 태도가 달라지는 것이다. 앞서 언급한 스티븐 호킹 역시 마음의 집이 탄탄했던 사람이었을 것이다. 그렇지 않았다면 그는 시한부 인생을 선고받고 시련에 금방 좌절했을 것이다. 매일 죽음을 기다렸을 것이며, 자신에게만 이런 시련이 닥친 것에 대해 하늘을 쳐다보며 분노했을 것이다. 하지만 호킹은 그렇지 않았다. 잠시 우울증에 시달리고 악몽을 꾸기는 했지만, 그의 마음의 집은 탄탄했다. 그러므로 그는 누군가를 살리는 꿈을 꿨을 것이다. 그리고 그 꿈을 계기로 세상을 위해 좋은 일을 남기고 죽어야겠다는 생각으로까지 이어지게 됐다.

그러므로 시련은 우리에게는 인생을 배우는 하나의 과정이자 반드시 거쳐야만 하는 관문이다. 시련을 두려워해서는 안 된다. 그리고 시련을 피해서도 안 된다. 자꾸만 시련이 두렵고 힘들다면 내 마음의 집을 항상 튼튼하게 잘 지어야 한다.

어떤 일에도 흔들리지 않을 내 마음의 집을 평소에 자주 튼튼하게 잘 짓는 것이다. 마음의 집을 튼튼하게 짓기 위해서는 나에 대해 잘 알아야 한다. 나라는 사람이 어떤 사람인지 빨리 파악할수록, 내 마음을 잘 조절하는 능력을 빨리 깨우치게 된다. 남들과의 대화를 통해서만 나에 대해 알려고 하지 말고, 자주 혼자 있는 시간을 갖는 것이 좋다. 혼자 있는 시간은 내게 의미 있는 시간이다. 그 시간에 TV를 보거나, 누군가의 카톡 사진을 들여다보는 행동은 의미 있는 시간을 아깝게 흘러버리는 것과 같다. 그 시간은 철저하게 모든 것을 차단하고 나의 내면을 들여다봐야 한다. 나라는 사람이 어떤 사람인지 파악을 해야 시련을 이겨내며, 그만큼 내 마음의 집이 탄탄해지기 때문이다.

우리 인생은 여러 시련과 아픔, 행복의 연속이다. 이 모든 것들이 모여 하모니를 이룰 때 비로소 멋진 나의 인생이 완성되는 것이다. 그래서 우리 인생에서는 기쁜 날이 있기도 하지만, 그만큼 슬픈 일도 있다. 시련 없는 인생은 온실 속 화초와 같다. 그 결과 세상 밖 인생을 제대로 알지 못하게 된다. 그래서 우물 안 개구리처럼, 자신의 인생의 폭을 넓히지 못한 채 좁은 세상만을 바라보며 살게 되는 것이다. 그러므로 내 인생을 살 때 항상 좋은 일만 일어나기를 바라는 것은 잘못된 생각이다. 시련 또한 우리가 풀어야 할 숙제이며, 우리를 성장시켜주는 인생의 과정이다. 시련이 닥칠 때마다 굴복하지 않고 잘 이겨낸다면 그 속에 숨겨진 많은 지혜를 얻을 것이며, 내 삶은 어제의 삶보다 몰라보게 성장하게 될 것이다.

실패는 가장 중요한 경험이다

왜 '실패의 날'이라는 것이 생겼을까?

매년 10월 13일 핀란드에서는 실패를 기념하는 '실패의 날' 행사가 주최된다. 이날은 학생, 선생님, 사업가 등 핀란드 대부분의 사람이 모여 자신의 실패 경험을 이야기하는 날이다. 그리고 이야기를 듣고 난 후, 서로의 실패를 격려하고 축하하는 행사를 진행한다. 핀란드의 이 행사는 소규모 행사가 아닌, 대부분의 국민이 지켜보고 참여하는 국가적인 행사다.

왜 핀란드에서는 10월 13일에 '실패의 날'이라는 국가적인 행사를 만들게 됐을까? 과거 핀란드는 뚜렷하게 이름을 내세울 만한 제조업이 없었다. 그리고 인구는 점점 노령화가 진행되어갔다. 핀란드는 이 시련을 이겨내기 위해서 어떻게든 새로운 일자리를 창출해야만 했다. 그것이 바로 창업 같은 새로운 도전이었다.

하지만 창업하면 우리에게는 두 가지의 단어가 동시에 떠오른다. 바로 성공과 실패다. 혹은 도전과 좌절이다. 도전과 실패에 대한 두려움이 크다면 창업을 할 수가 없다. 이런 사람들의 마음을 알기에 핀란드의 알토 대학교의 한 동아리가 한 가지를 제안했다. 바로 실패에 대한 두려움을 깨는 것이 우선순위가 되어야 하니 실패를 기념하는 날을 개최하자며 처음으로 이 행사를 제안했다. 그렇게 해서 2010년 10월 13일 핀란드에서는 처음으로 '실패의 날'을 개최하게 됐다. 현재 우리에게 유명 인사로 널리 알려진 사람들의 실패담, 창업을 진행한 과정 중의 실패담 등 서로 다양한 실패 경험을 이야기했다.

그런 실패 경험을 들은 사람들은 누군가의 실패 이야기를 들으며 그 자리에서 많은 것을 배우게 됐다. 서로의 실패에 관해 이야기했을 뿐인데, 실패가 우리 인생에 있어서 얼마나 중요한 것인지를 깨닫게 된 것이다. 그래서 이 행사는 핀란드의 국가적인 행사가 됐으며, 현재까지도 10월 13일을 '실패의 날' 행사로 지정하고 있다.

무슨 일을 할 때마다 실패를 두려워해서는 안 된다

이처럼 실패는 우리에게 매우 중요한 경험이다. 성공 뒤에는 항상 그만큼의 실패가 담겨 있다. 우리 또한 성공한 사람들의 많은 실패 경험담을 듣고 싶고, 그것을 통해 성장하고 싶어진다. 실패는 그만큼 소중한 경험이다. 누군가에게는 돈을 주고 사서라도 꼭 갖고 싶은 그런 귀중한 경험이 바로 실패다. 그러므로 무슨 일을 할 때마다 실패를 두려워해서는 안 된다. 그리고 실패를 마치 자신의 인생이 실패한 것처럼 받아들여서도 안 된다. 실패를 많이 할수록 성공에 더 가까워지고 있는 긍정적인 신호라며 자신을 다독이고 다그쳐야 한다.

또한, 실패할수록 그만큼 실패하지 않는 방법을 터득하게 되는 것이고, 다양한 방법을 터득할수록 또다시 똑같은 실수를 하는 전철을 밟지 않게 된다. 실수해서 그만큼 시간을 벌게 된 것이다. 발명왕으로 유명한 에디슨 또한 전구를 발명하는 과정에서 무려 이천 번이나 실패했다. 하지만 그는 실패를 실패로 받아들이지 않았다.

그는 이천 번의 과정을 거쳐서 전구를 발명했을 뿐이라며 그의 실패 과정을 긍정적으로 받아들였으며, 그 덕분에 우리는 지금 전구를 사용할 수 있게 된 것이다. 이렇듯 우리가 현재 유용하게 잘 사용하고 있는 것들은 대부분 누군가의 실패를 통해 얻게 된 결과물이다. 그 여러 번의 실패가 있었기 때문에 결국 성공이라는 것을 만날 수 있는 것이다.

하지만 가장 중요한 경험인 실패가 나쁘게 사용되는 때도 있다. 그런 경우의 실패는 좋지 않은 경험이다. 내 인생에 득이 되고, 내 삶에 발전이 되는 실패는 분명 자양분이다. 그리고 그런 실패는 우리가 현명한 인생을 사는 데 꼭 필요한 것이다. 분명 실패는 우리 삶의 자양분이지만 때로는 우리 삶에 불필요한 실패도 있다. 이런 실패를 자주 반복하는 사람은 그런 실패를 만들지 않게 노력해야만 한다.

바로 매번 똑같은 실수를 반복해서 하는 실패다. 분명 한 번, 두 번의 실패를 겪는다면 그 과정을 통해, 똑같이 반복되는 실수를 만들어서는 안 된다. 이런 반복되는 실패는 좋은 실패가 아닌 나쁜 실패다. 나쁜 실패를 반복한다는 것은 그만큼 아까운 내 시간을 허비하는 것과도 같다.

예를 들어, 아침에 토스트를 만들 때, 토스트 기계를 10분 동안 가동했더니 식빵이 타버리는 경험을 했다. 이것은 첫 번째 실패다. 이 실패를 겪고 나면 10분이라는 시간은 너무 길다는 것을 깨닫게 될 것이다. 그렇다면 두 번째 시도할 때는 10분보다 더 짧게 시간을 가동하면서 제일 알맞은 시간을 찾아야만 한다.

반복된 행동을 통해 알맞은 시간을 찾았다면 그것은 좋은 실패가 된다. 여러 번의 실패로 가장 잘 되는 시간을 터득했기 때문이다. 하지만 이미 10분이라는 시간이 빵이 타는 시간이라는 것을 알았음에도 불구하고 계속해서 10분으로 가동을 한다면 어떻게 될까?

　그만큼 계속해서 빵은 탈 것이고, 10분이라는 내 시간 또한 아깝게 버리는 것과도 같다. 분명 한 번의 실수를 통해 10분이 긴 시간이라는 것을 깨달았음에도 불구하고 또다시 10분을 돌리는 행동은 나쁜 실패다. 이런 실패가 반복된다면 삶에서 나아지는 것이 전혀 없다. 계속해서 같은 실패를 반복하는 것은, 계속해서 현실에 머물 수밖에 없는 결과가 생기고 결국 지금보다 더 못난 미래를 마주하게 되는 것이다.

　그러므로 우리 인생에 좋은 경험인 '실패'를 할 때에도 나쁜 실패는 반드시 피하고 항상 좋은 실패만 해라. 그래야만 인생의 변화가 보이고, 더 큰 도전을 할 수 있게 된다. 좋은 실패는 많이 하는 만큼 좋다. 그 모든 경험이 쌓여서 결국은 내 인생을 만들어줄 것이기 때문이다.

　또한, 젊을수록 실패를 많이 경험해야 한다. 그리고 그만큼 많은 도전을 해야 한다. 무엇이든 실패를 두려워하지 않고, 계속해서 도전한다면 내가 도전한 것이 무엇이든 결국은 내 것이 될 수 있다. 실패를 두려워하지 않는 나의 마음이 무엇이든 해낼 수 있는 강한 마음을 만들 것이기 때문이다.

다양한 도전과 다양한 실패가 쌓일수록 앞으로 닥치게 될 시련을 다양한 방법으로 해결할 수 있는 지혜를 얻게 된다. 남들보다 훨씬 더 많이 '좋은' 실패를 경험할수록 누군가에게는 크게 느껴질 시련도 작은 문제처럼 느껴지는 것이다.

그 경지에 다다른 사람에게는 실패가 더는 두려운 존재가 아니다. 다양한 일을 현명하게 해결할 수 있는 지혜를 주는 보물과도 같다. 그러므로 당신도 실패를 피하지 말라. 그리고 실패와 함께 다양한 도전을 해라.

다양한 도전과 다양한 실패가 함께 모이면, 당신의 꿈이 보일 것이다. 그 경험들이 모여서 당신이라는 사람을 완성할 것이며, 당신이라는 사람이 완성될수록 당신이 정말로 원하고 꿈꾸는 것이 무엇인지 금방 터득하게 될 것이다.

나의 꿈을 알아가는 과정에는 반드시 실패가 존재한다. 이 세상에 그 어떤 실패도 없이 자신의 꿈을 이룬 사람은 단 한 명도 없다. 실패 없이 꿈을 쉽게 이룬 사람의 지혜보다는 다양한 실패를 경험한 후, 똑같은 꿈을 이뤄낸 사람의 지혜가 훨씬 현명하며 더 큰 혜안을 담고 있다. 이 점을 우리가 잊어서는 안 된다.

성공은 여러 실패가 모였기 때문에 가능한 결과물이다. 그래서 실패라는 경험은 하나의 큰 자산이 된다. 그러므로 실패는 부끄러운 것이 절대 아니다. 그리고 실패를 두려워하고, 피해서는 안 된다. 다양한 도전과 함께 좋은 실패들을 많이 만나는 사람이 돼라. 그리고 그만큼 당신의 꿈을 더 지혜롭게 이뤄라. 실패는 당신 인생 성장의 자양분이다. 또한, 당신의 인생을 살아가면서 마주치게 될 더 큰 시련을 극복할 수 있게 돕는 지혜를 선물해준다. 그러므로 움츠러들지 말고, 실패라는 것을 당당하게 경험해라.

3 마크 저커버그

마크 저커버그를 생각하면 가장 먼저 떠오르는 생각이 페이스북, 그리고 20대에 세계 최고 부자 반열에 올랐다는 것이다. 그가 페이스북의 CEO가 되기까지 그 또한 많은 시련과 역경에 부딪혔다. 그러나 그는 굴복하지 않고 결국 20대에 세계 최고 부자 반열에 오르게 됐다.

그는 어렸을 적부터 항상 '도전'이라는 것과 함께했다. 도전이 함께 했기에 그는 페이스북을 설립할 수 있었다. 한 예로 그는 중학생 때, 병원의 컴퓨터에 환자 도착을 알리는 프로그램을 만들어서 모두를 놀라게 했었다. 그리고 그는 그런 그의 재능을 살려 대학교에서 '페이스 매쉬'라는 외모 평가 사이트를 만들었다.

이것은 페이스북의 초기 형태라고 할 수 있다. 페이스 매쉬는 대학교 친구들 사이에서 인기가 많았다. 페이스 매쉬는 주로 여학생들의 외모를 평가하는 내용이었다. 결국, 프라이버시 침해로 저커버그는 징계를 받고 사이트를 폐쇄할 수밖에 없었다.

페이스 매쉬 사건 이후, 그에게는 프로그램과 관련된 또 다른 다양한 사건들이 연이어 터졌다. 그에게 시련이 닥칠 때마다 쉽게 굴복했다면, 우리는 지금의 페이스북을 만나지 못했을 것이다. 그만큼 그는 시련을 이겨내는 힘이 강했고, 그 시련을 발판으로 삼아 더욱더 훌륭한 프로그램인 페이스북을 개발하게 된 것이다.

이렇듯 성공한 사람 뒤에는 항상 치열함, 도전 정신이 숨어 있다. 당신도 성공하려면 당신 또한 치열함과 도전 정신을 갖고 있어야만 한다. 그 도전 정신과 치열함이 당신에게 성공을 가져다줄 것이며, 그런 정신을 가진 당신은 성공할 자격이 충분히 있다.

4 장

생각에
행동을 더하면

무엇이든
할 수 있다

1
_____

2배의 법칙을 적용하라

똑같은 시간, 똑같은 방법은 아무런 변화가 없다

"에휴, 이번에도 또 떨어졌어. 아깝게 떨어졌어. 이번에는 진짜 붙을 거로 생각했는데."

"속상하겠다. 이번에는 몇 점 차이로 떨어진 건데?"

"이번에도 거의 한 문제 차이지. 왜 꼭 이렇게 한 문제 차이로 떨어지는지 모르겠어."

"내년에 그럼 또 준비할 거야?"

"그래야지. 공무원 시험 준비 외에는 내가 할 수 있는 게 없잖아. 그리고 꼭 아깝게 한 문제 차이로 떨어지잖아. 그니까 내년에는 꼭 붙겠지."

오랜만에 고등학교 동창 친구를 만났다. 그 친구는 대학교를 졸업한 후, 20대 시절을 온통 공무원 시험을 준비하느라 독서실에서 보냈다. 남들 다하는 소개팅도 마다하고, 항상 같은 독서실로 출근하고 같은 집으로 퇴근하는 일상의 반복이었다. 항상 한 문제 차이로 떨어지는 그녀는 매해 시험 보기 직전에 늘 이런 말을 했다.

"지영아, 이번에는 진짜 느낌이 좋아. 꼭 붙을 것 같아. 시험 보고 나서 먹고 싶은 거 엄청 많이 먹어야지. 우리 영화도 보러 가자."

하지만 막상 시험이 끝나고 난 후, 결과가 나오면 여지없이 불합격이다. 그리고 이유는 항상 똑같다. 그 한 문제가 항상 문제다. 그리고 다시 시작하는 이유도 똑같다. 그 한 문제 때문에 다시 시작한다는 이유로 그렇게 공무원 시험을 준비한다. 벌써 그녀의 나이도 30대 중반을 바라보고 있지만, 여전히 같은 독서실로 출근을 하고 있으며, 여전히 그 한 문제만을 노리며 공무원 시험 준비를 하고 있다.

나는 매해 시험에 떨어지는 그녀의 일상이 궁금했다. 그리고 그녀가 어떻게 공부를 하는지 걱정됐다. 그녀는 매해 똑같은 시간, 똑같은 방법으로 공부를 이어갔다. 그 이유 또한 단순했다. 매해, 한 문제 정도의 차이로 떨어지니 그만큼 공부는 잘하고 있다고 생각했던 것이다.

만일 그녀가 이런 생각을 버리고 2배의 시간을 활용하고, 평소 공부하던 양보다 2배의 양으로 공부를 했다면 과연 한 문제 차이로 매년 떨어졌을까? 나는 문득 이런 생각이 들었다. 분명 조금 더 시간을 많이 들이고, 조금 더 공부하는 양을 늘렸다면 그녀는 그 한 문제라는 핑계를 대지 않고 당당하게 시험에 합격했을 것이다. 8~9년이라는 시간을 허망하게 공무원 시험을 준비하는 데 투자하지 않고, 그 전에 미리 2배의 법칙을 적용해서 평소 사용했던 시간과 공부의 양을 2배만큼 늘렸다면 그녀는 분명 시험에 합격했을 것이다.

이렇듯 우리는 무엇을 하든 항상 2배의 법칙을 적용하는 것이 좋다. 사소한 것부터 말이다. 특히 내가 갖고 싶고 하고 싶은 일이라면 더욱더 그렇다. 남들과 똑같은 시간과 에너지를 쏟지 말고, 남들이 하는 것보다 2배를 더 활용해서 투자해야 한다. 그래야만 남들과의 경쟁에서 뒤처지지 않고, 그 원하는 것을 내 손에 쥘 수 있다. 그만큼 2배의 법칙은 우리 일상에서 매우 중요하다.

내 꿈을 이루려면 2배의 법칙은 필수다

2배의 법칙을 적용하는 사람들은 무엇을 하든 대충하지 않는다. 남들보다 2배를 투자하는 만큼, 더 치열하게 배우고 더 치열하게 자신의 것으로 만들기 위해 노력한다. 남들만큼 똑같이 한다면, 남들과 똑같아지거나 그보다 더 못하리라는 것을 알고 있기 때문이다.

특히 자신의 꿈을 이뤄가는 중이라면 더욱 2배의 법칙을 적용해야만 한다. 꿈을 이루는 것은 남들과의 경쟁이기도 하다. 특히 위에 언급한 그녀처럼 공무원 시험을 준비하는 경우라면 더욱더 그렇다. 그저 남들이 하는 만큼만 배우고, 남들이 하는 만큼만 공부한다면 공무원이라는 자신의 꿈을 쟁취할 수 있겠는가? 절대 그럴 수 없다. 남들이 하는 것보다 더 몇 배로 해야 하고, 남들이 준비하는 것보다 최소 2배 이상은 준비를 해야 한다. 그래야만 꿈을 쟁취할 수 있고, 그래야만 원하는 것을 얻을 수 있게 된다. 그러므로 내 꿈을 실현하기 위한 과정 중 많은 배움이 필요하다면 돈이 많이 든다고 해도, 무조건 2배로 배워야만 한다. 지금 2배로 배워놔야 남들보다 더 빨리 꿈을 얻을 수 있고, 그만큼 시간이라는 것을 벌 수 있기 때문이다.

우리의 시간은 한정적이다. 시간이 한정적인 만큼 우리는 1분 1초를 최선을 다해서 써야 한다. 그 아까운 시간은 다시 돌아오지 않는다. 만일 내가 일찍 2배의 법칙을 적용해서, 꿈을 이뤘다면 당신은 그만큼 시간을 번 것이다. 남들이 그 꿈을 이루기 위해 고군분투하는 동안, 이미 당신은 당신이 이룬 꿈과 함께 즐거운 인생을 보내게 되는 것이다.

2배의 법칙을 적용한 효율적인 아르바이트를 해라

20대 시절, 아르바이트를 선택할 때도 마찬가지다. 이때의 2배의 법칙은 효율성 측면의 2배의 법칙이다. 단지 돈을 벌기 위해서만 아르바이트를 하는 것이 아니라, 내 시간을 절약하면서 돈을 벌 수 있는 아르바이트를 선택해야만 2배의 법칙을 효과적으로 적용하는 것이다.

예를 들어, 아르바이트하는 A, B라는 사람이 있다. A라는 친구는 단순히 돈을 벌겠다는 이유로 카페에서 8시간 동안 아르바이트를 하고 있다. 그리고 만일 누군가가 아르바이트 펑크를 낸다면 돈을 더 벌기 위해 그 시간도 자신이 직접 나가서 아르바이트한다. 반면에 B라는 사람은 자신이 알고 있는 지식, 경험을 전달해주는 아르바이트를 선택했다. 예를 들어 과외라는 것을 선택한 후, 매일 나가지 않고 일주일에 2번을 간다. 그리고 시간도 2시간씩만 자신의 지식을 전달해주고 오면 된다.

둘의 한 달 아르바이트 월급은 모두 같다. 그렇다면 당신은 누가 2배의 법칙을 잘 활용하고 있다고 느껴지는가? 바로 B다. B는 시간을 효율적으로 잘 사용하는 2배의 법칙을 잘 활용하고 있는 것이다.

두 친구 모두 돈을 벌기 위한 수단으로 아르바이트를 선택했지만, A는 시간을 버리는 아르바이트를 택했다. 2배의 법칙을 적용하지 못한 것이다. 오히려 2배의 법칙을 잘못 적용한 것이다. 자신에게 해가 되는 방향으로 시간을 많이 날려버린 것이다. 하지만 B는 달랐다. B는 현명했다. B는 시간의 효율적인 측면을 오직 자신을 위해서 썼다. 똑같은 돈을 벌면서도 2배의 법칙을 잘 적용해서, 자신을 위한 많은 시간을 똑똑하게 잘만든 것이다.

만일 두 친구 모두 똑같은 꿈을 향해 달려가고 있었다면 A는 B보다 훨씬 늦게 자신의 꿈을 실현할 것이다. 자신의 꿈을 위해 사용해야 할 시간을 아르바이트하느라 대부분 허비했기 때문이다. 반면에 B는 2배의 법칙을 잘 적용했기 때문에, 대부분 시간을 자신의 꿈을 이루는 과정에 많은 시간을 할애했을 것이다. 그래서 A보다 더 빨리 꿈을 성취하고, A보다 더 빨리 성공을 향한 인생을 달려갈 것이다.

우리는 인생을 살아가면서 항상 2배의 법칙을 잘 적용해야 한다. 내가잘 적용한 만큼, 꿈을 더 빨리 이룰 수 있고, 남들보다 더 앞장서서 더 큰꿈을 향해 나갈 수 있기 때문이다. 그러므로 무엇이든 2배의 법칙을 잘적용해라. 나에게 도움이 되는 2배의 법칙은 그만큼 내 인생의 가치를 2배로 올려준다. 당신의 가치는 2배 이상의 가치라는 것을 잊지 말자.

2
———

생각에 행동을 더하면 무엇이든 할 수 있다

오랫동안 생각하면 결국 행동으로 변하게 된다

지금의 나는 길거리에서 외국인이 영어로 질문을 한다면 당황하지 않고 당당하게 대답해줄 수 있을 정도의 영어 실력을 갖추고 있다. 하지만 내가 처음부터 이렇게 영어를 잘했던 것은 결코 아니다. 나 역시 20대 시절, 요일조차 헷갈릴 정도로 영어 실력이 형편없었다.

그래서 그 당시에는 길을 지나가다가 외국인이라도 마주치면 죄를 지은 것 마냥 고개를 푹 숙이고 지나갔다. 아니면 갑자기 주머니에 잘 있는 핸드폰을 꺼내서 전화하는 시늉을 했다. 그만큼 나는 영어를 어려워했고, 외국인이라는 존재 자체가 내게는 넘지 못할 큰 산처럼 느껴졌다.

그랬던 내가 24살이 됐을 때, 갑자기 영어를 반드시 정복해버리겠다는 강한 생각을 하게 됐다. 당시의 나는 대학생이 아니었다. 어려운 가정 형편으로 인해, 나는 고등학교를 졸업하자마자 취업을 해야만 했다. 열심히 직장을 잘 다니고 있던 24살, 어떤 이유에서인지는 모르겠지만 반드시 영어를 배워야만 하겠다는 강한 결심을 하게 됐다.

우리가 무엇인가를 선택할 때는 또 다른 하나를 포기하는 것과도 같다. 모든 것을 다 선택할 수는 없다. 영어를 배우고 싶은 내게는 두 가지의 선택이 있었다. 하나는 직장을 잘 다니면서 영어 학원을 열심히 다니는 것이다. 두 번째 선택은 과감하게 직장을 포기하고, 외국으로 떠나서 제대로 된, 살아 있는 영어를 배우고 오는 것이었다.

무엇이든 오래 생각하다 보면 결국 행동으로 변하게 된다. 나는 과감하게 첫 번째 선택을 했다. 두 번째 선택을 포기한 이유는 간단하다. 나는 이미 직장을 다니면서 자기 계발을 목적으로 학원에 다니고 있었다. 하지만 그 일상이 반복된다면, 그만큼 영어를 정복할 수 있으리라는 자신감이 생기지 않았다.

잘 다니고 있는 직장을 갑자기 포기하고 외국으로 떠나겠다고 하니, 내 주변 친구들은 나를 이상하게 쳐다봤다. 그리고 외국으로 떠나려는 나를 붙잡고 다시 생각하라고 설득했다. 하지만 나는 내 선택에 어떤 후회도 없었다.

주변 사람들이 나를 더 설득하고 나를 이상하게 쳐다볼수록 나는 당당하게 맞서고 오고 싶었다. 그리고 무조건 된다는 생각과 행동이 합쳐지면 무엇이든 다 이룰 수 있으리라 생각했다. 그만큼 나는 젊었고, 20대 때의 도전은 내 인생에 있어서 가장 값진 경험이라는 것을 알고 있었기 때문이다.

나는 가난한 집안 형편으로 인해, 남들보다 일찍 철이 들었다. 그래서 나는 여상을 졸업하고 난 후, 대학교에 가고 싶다는 마음을 금방 접었다. 대학교에 가고 싶다는 생각은 내게는 철부지 같은 생각과도 같았기 때문이다. 하지만 직장 생활을 할수록, 나는 내 인생에 대한 회의감이 들었다. 일찍 철든 만큼, 남들보다 더 많은 것을 경험해보지 못한 나 자신이 안타깝고 측은하게 느껴졌다. 그래서 나도 철없는 행동을 해보고 싶었다. 그 철없는 행동이란, 가족을 바라보며 사는 인생이 아닌 오직 나만을 위한 인생을 살아보고 싶다는 소박한 소원과도 같았다.

그래서 나는 과감하게 직장을 그만뒀다. 영어를 배우고 싶다는 목적도 있었지만, 나는 내 삶을 온전히 살고 싶다는 생각이 강했기 때문이다. 그래서 두려움보다는 설렘이 더 컸다. 한국을 떠나는 순간, 정말로 나만을 위한 인생을 살 수 있을 것이라는 생각이 들었다. 비행기를 타고 외국으로 나가는 순간, 오직 권동희(권마담)만의 인생을 위해 그렇게 하늘 높이 날아가고 있었다.

당신이 원하고 싶은 것을 생각하고, 그것을 행동으로 표현해라

그렇게 영어 공부, 권동희만의 삶을 바라보며 나는 치열하게 워킹 홀리데이를 보냈다. 물론 그 과정 중 힘든 시련과 고비가 몇 번 있었지만 나는 결국 이겨냈다. 그리고 내 생각, 권동희의 인생으로 살아가리라는 생각이 결국 이뤄졌다. 영어를 정복하겠다던 내 생각도 결국 이뤄졌다. 내 생각에 행동이 더해지니 내가 원하는 모든 것들을 다 이룬 것이다.

그 뒤로 나는 이루고 싶은 꿈이 있다면 가장 먼저 종이에 적는다. 그리고 그 종이를 매일 하루에 몇 번씩 바라본다. 그리고 반드시 내가 그 꿈을 이룰 수 있다고 생각한다. 이런 생각을 하면, 나도 모르게 어떻게 하면 그 꿈을 실현할 수 있는지 행동이 보인다. 그래서 내게 끌리는 그 방법으로 행동을 하게 되고, 행동하고 나면 결국 현실에서 모든 것이 이뤄진 채 내 앞에 떡하니 놓여 있는 것이다.

우리가 사용하고 있는 물건들, 우리 주변에 있는 모든 것들은 다 누군가의 생각이다. 그 생각이 그 사람의 행동과 결합이 돼서 물건이라는 것으로 우리 앞에 놓인 것이다. 무엇인가를 조립할 때도 마찬가지다. 그 완성본을 생각한 사람의 설명서가 함께 놓여 있고, 우리는 그것을 들여다보면서 직접 조립을 하게 된다. 설명서가 그 사람의 생각이라면 직접 만들고 있는 우리의 모습이 바로 행동이 되는 것이다. 그 생각과 행동이 함께 만나니 결국 우리는 무엇인가를 완성할 수 있는 것이다.

그러므로 당신도 당신이 원하고 하고 싶은 것을 생각하고, 그것을 행동으로 표현한다면 모든 것을 다 이룰 수 있다. 이 간단한 법칙을 잘 적용하면, 무엇이든 다 이룰 수 있는데 대부분의 사람들은 이 법칙을 잘 적용하지 않는다.

대부분의 사람이 생각까지만 하고 행동으로 옮기지 않기 때문이다. 예를 들어, 2020년에 꼭 100권의 책을 읽겠다고 생각하고 있다고 가정해보자. 그것을 매일 '아, 책 읽기로 했는데. 책 읽어야만 하는데.' 하고 생각만 하고, 실천하지 않는다면 결국 2020년이 다 가도록 책 한 권 읽지 못하고 2021년을 맞이하게 된다.

무엇인가를 이루고 싶다고 생각하게 됐다면 어떤 생각도 품지 않고,

그냥 바로 실천하면 된다. 바로 행동하면 되는 것이다. 마음속으로 '해야 하는데.'라는 생각을 하지 말고, 그냥 그런 생각이 들기 전에 바로 실천을 하면 되는 것이다.

책을 100권 읽기로 스스로 다짐했다면, 그냥 바로 책 1권을 꺼내서 읽으면 되는 것이다. 속으로 생각할 시간에 차라리 행동하면 되는 것이다. 성공한 대부분 사람은 다 생각을 하고 난 후, 바로 행동으로 실천을 했다. 그래서 원하는 모든 것을 다 이뤘다. 영어를 못했던 내가 단지 영어를 정복하고 싶다는 생각으로 외국으로 떠났다. 아무 고민 없이 바로 떠났다. 그랬더니 외국 생활을 할 때도, 영어를 정복해야겠다는 생각이 나를 지배하고 있으니, 나의 모든 행동이 그것을 이루기 위해 달려 나갔다. 한국 사람들을 만나지 않으려고 노력했으며, 외국인들이 많이 있는 곳에서 아르바이트하려고 노력했다.

그랬더니 결국 나는 영어를 능숙하게 가르칠 수 있을 정도의 수준까지 올라왔다. 그리고 그 덕분에 한국에 와서 영어 강사로도 일했었다. 과거 나의 영어 실력을 알았던 지인들은, 현재의 내 영어 실력을 보면 깜짝 놀란다. 그들이 내게 어떻게 해서 영어를 공부했냐고 하면 나의 대답은 언제나 똑같다. "영어를 잘하겠다고 생각했고, 그것을 실천했더니 이렇게 영어를 잘하게 됐어요."라고 말이다.

우리는 우리가 원하는 무엇이든 다 이룰 수 있는 능력을 충분히 갖추고 있다. 단지 더 많이 이루느냐, 이루지 못하느냐의 차이는 행동의 차이다. 생각하면서 행동을 한 사람은 그가 원하는 무엇이든 다 이룰 수 있다. 하지만 늘 생각에만 그치고 행동을 더 하지 않는 사람은 원하는 것이 무엇이 됐든 결코 이룰 수 없다. 그래서 우리는 항상 생각과 동시에 바로 행동을 해야 하는 것이다. 지금 이루고 싶은 것이 있다면, 그것을 생각만 하지 말고 지금 바로 당장 실천해보라. 될 때까지 실천한다면 결국 당신이 이루고 싶은 그것을 당신 또한 반드시 이뤄낼 수 있다. 즉, 생각에 행동을 더하면 무엇이든 할 수 있다.

성공은 끝까지 밀고 나가는 사람에게 주어진다

성공 뒤에는 지독한 노력이 숨어 있다

우리는 무슨 일이든 잘 풀리는 사람을 보고, "저 사람은 참 운이 타고 난 사람이야. 운이 좋으니까 저렇게 성공하지."라고 말하곤 한다. 혹은 "우연히 좋은 기회가 생겨서, 저 경지까지 성공한 것 같아."라는 표현도 하곤 한다. 정말로 성공한 사람 중 운이 타고난 사람이 존재하는 것일 까?

물론 극소수는 정말로 타고난 운이 있어서 성공했을 수도 있다. 하지 만 대부분은 절대 아니다. 그 사람이 성공하기까지의 그 모든 과정을 들 여다보면 '운'이라는 단어를 함부로 입 밖에 내뱉지 못할 것이다. 모든 과정에 아픔과 시련이 있고, 그 과정을 묵묵히 견뎌내는 한 사람의 모습이 보이기 때문이다.

그 지독한 열정과 지독한 노력이 있었기에 그는 성공이라는 것을 손에 쥘 수 있었다. 어떤 시련과 고통에도 포기하지 않고, 끝까지 밀고 나갔기에 성공을 맛볼 수 있었던 것이다. 우리에게 유명한 피카소 역시 대부분 사람들은 타고난 천재 화가라고 일컫는다.

하지만 그 내막을 들여다보면, 피카소 역시 타고난 천재 화가가 결코 아니다. 그 역시 지독한 노력파였으며, 오히려 노력파 화가라고 부르는 게 마땅하다. 피카소는 프랑스 유학 중 루브르 박물관을 갔다. 그리고 그곳에서 우연히 최고의 화가 앙리 마티스를 만나게 됐다. 마티스는 그날 아프리카풍의 조각상을 손에 들고 있었다.

피카소는 그 모습을 보고 단번에 떠오르는 장면이 있었으며, 즉시 돌아와 그림으로 나타냈다. 그 작품이 바로 20세기 최고 걸작이라고 불리는 〈아비뇽의 여인들〉이라는 작품이다. 이 일화만을 놓고 봤을 때 분명 피카소는 마티스를 우연히 만났다.

그래서 이 장면만 놓고 이야기를 한다면, 대부분 사람들은 피카소가

운이 좋아 마티스를 만나 최고의 걸작을 그리게 됐다고 이야기할 수 있다. 하지만 그 당시 피카소의 하루하루를 알고 있는 사람은 절대로 이 만남을 우연의 일치라고 생각하지 않을 것이다.

지독한 노력파였던 피카소가 자신의 성공을 위해 끝까지 그림에 대한 열정을 놓지 않았기에, 우연을 가장한 필연이라고 말할 것이다. 또한, 지독한 노력을 했기에 그런 보상을 받아도 된다고 여겼을 것이다.

피카소는 항상 자신의 모든 시간을 그림에 쏟았고, 새로운 영감을 얻기 위해 항상 미술관에서 지내다시피 했다. 스페인으로 유학 갔을 때는 프라도 미술관에서 모든 시간을 보냈다. 그리고 파리에 유학을 갔을 때는 루브르 미술관에서 모든 시간을 쏟았다. 그의 일상은 그림을 향한 열정과 함께 매일 루브르 미술관에 머물러 있었으며, 그의 일상 속에 마티스를 만나게 된 것이다. 단지 그날 하루만 피카소가 우연히 루브르 미술관에 들린 것이 아니라는 이야기다.

그가 루브르 미술관에서 살다시피 했으며, 그림에 대한 열정을 끝까지 밀고 나갔기에 우연을 가장한 마티스와의 만남을 이뤄낼 수 있었던 것이다. 그렇기에 성공한 사람 중에 우연을 가장한 성공은 없다. 대부분 지독한 노력파이며, 노력의 천재인 것이다.

미친 꿈을 만들어라

이처럼 어떤 일을 끝까지 밀고 나가려는 강한 인내심을 만들려면, 미친 꿈을 만들어야만 한다. 피카소가 그림에 미쳐 있던 것처럼 당신 또한 성공하고 싶다면 반드시 이루고 싶은 그런 강렬한 미친 꿈을 만들어야만 한다. 내가 살면서 행복하고, 내 인생에 만족스러운 삶을 살려면 우리는 꿈이 있어야 한다. 그것도 미친 꿈을 가져야만 한다. 너무나도 간절히 이루고 싶은 꿈이 있어야 그것을 이뤄가는 과정 또한 재미있고 즐겁기 때문이다.

꿈을 이뤄가는 과정이 재미있고 즐거운 것은 매우 중요하다. 그래야만 중간중간 시련과 고비가 닥쳐도 그 즐겁고 재미있었던 기억이 그 모든 시련과 고비를 덮어버린다. 그래서 계속해서 내 꿈을 향해 나갈 수 있는 것이다.

20대, 미친 꿈을 향해 돌진하는 시기다

지금의 내가 동기 부여가, 베스트셀러 작가, '위닝북스'의 대표가 될 수 있었던 것은 20대 시절 미친 꿈을 가졌기 때문이다. 나는 작가가 되고 싶었으며, 동기 부여가가 되고 싶었다. 그리고 그 꿈을 통해 나는 반드시 성공하고 싶었다. 아니, 반드시 성공해야만 했다. 그런 강렬한 꿈이 간절해질수록 내게는 점점 미친 꿈으로 변해갔다. 그래서 그 미친 꿈을 붙잡기 위해 나는 내 20대를 내 미친 꿈을 향해 모든 시간과 에너지를 쏟았다. 성공자를 만나고 싶어 성공자가 쓴 책을 밥 먹듯이 읽었다. 그리고 그들이 했던 대로 내 습관을 조금씩 바꿨다.

친구들을 만나는 것은 내게는 사치였다. 나는 미친 꿈을 바라보고 있었기에, 친구들을 만나는 시간조차 아까웠다. 내 또래 20대 친구들은 그 당시 대학교에 다니면서 소개팅을 하거나, 친구들끼리 자주 만나 이야기하고 노는 것을 즐겼다. 지금의 20대들 역시 이런 생활을 할 것이다. 하지만 나는 같은 20대였어도 내 마음속에는 미친 꿈이 존재했다. 그리고 나는 꼭 성공하고 싶었다. 그래서 친구들과의 만남은 불필요한 약속이었다. 그래서 친구들의 연락을 거부하고, 약속을 미루는 나를 보며 친구들은 나를 이해하지 못하고 급기야 나를 '화성인' 취급했다.

그 당시에는 '화성인' 취급을 당했지만, 지금은 다르다. 지금은 그들과 내 삶이 180도로 변했다. 20대의 그들이 누렸던 여유를 지금의 내가 누리고 있다. 그리고 그토록 이루고 싶었던 미친 꿈을 이뤘다. 미친 꿈을 이뤘기에 나는 성공을 했고, 그 당시 누리지 못했던 여유를 지금 누리고 있는 것이다. 아마 이 여유는 내 삶이 끝나는 날까지 지속될 것이다.

당신 또한 의미 없이 당신의 20대를 허무하게 보내고 있는가? 그렇다면 당신의 30대는 더욱 불행할 것이며, 40대는 더 말할 것도 없다. 20대는 내 미친 꿈을 향해 돌진하는 시기다. 그래서 과감하게 그 꿈을 향해 다양한 경험을 해야 한다. 그리고 그 꿈을 바라보며 내 행동을 꿈을 향해 계속 밀고 나가야 한다. 그래야만 당신이 30대가 됐을 때, 당신 또한 나처럼 그 미친 꿈을 붙잡고 성공을 할 수 있는 것이다.

내 인생은 나의 것이다. 내가 내 인생에서 성공하느냐 실패하느냐는 전적으로 내 책임이다. 가난한 집에서 태어난 환경 탓도 아니다. 그리고 불우한 가정에서 태어난 것도 핑계가 되지 않는다. 나 역시 가난한 집안에서 태어났으며, 우리 부모님의 사이 또한 좋지 않았다. 그리고 가난을 이유로 여상에 다녀야 했으며, 가난을 극복하기 위해 고등학교를 졸업한 후 바로 취업을 해야만 했다.

10대 때, 내가 어떻게 할 수 없는 환경 안에서는, 나 역시 부모님을 원망하거나 가난한 집안에서 태어나게 한 신을 원망했다. 하지만 20대 중반이 된 후, 내 인생의 주인으로 살고 싶다는 생각이 들었고 그 덕분에 나는 내 마음속에 숨어 있던 미친 꿈을 간절하게 수면 위로 올릴 수 있었다. 가난, 외부 환경 등 그 모든 것은 다 내 성공을 방해하는 요인이 될 수 없다. 내 성공을 방해하는 것이 있다면 오직 나 자신, 내 마음뿐이다.

20대에는 미친 꿈이 있어야만 한다. 그래야 그 꿈을 이뤄가는 과정이 힘들고 어렵지 않다. 그리고 그 꿈을 바라보면서 '어떻게 해야 지금보다 더 나아질 수 있을까?'라는 행복한 고민을 함께하게 된다. 어려운 형편, 남 핑계 등을 대면서 현실의 삶에 안주하려고 하지 말라. 방해물이 많을수록 더욱 미친 꿈을 향해 돌진해야 하며, 내 삶의 주인으로 살아야만 한다. 꿈은 배신하지 않는다. 그렇기에 나는 내 미친 꿈을 붙잡았다. 내가 해냈으니 당신이 못하겠는가? 당신 또한 분명히 할 수 있다. 한 손에 미친 꿈을 꼭 쥐고 끝까지 밀고 나가라. 그러면 당신의 반대편 손에는 반드시 성공이 쥐어질 것이다.

4
_____

절박함으로 행동하라

절박함만 있으면 무엇이든 해낼 수 있다

"어떤 마음을 갖느냐가 어떤 일을 하느냐보다 더 큰 가치를 만들 수 있다."

윈스턴 처칠의 유명한 명언이다. 윈스턴 처칠은 1940년 의회 연설 중에도 자신이 바칠 것이 있다면 그의 피와 땀과 눈물밖에 없다고 말했다. 그의 이런 한마디만 들어도 그의 인생이 얼마나 절박함으로 넘쳐났을지 상상이 간다.

윈스턴 처칠은 태어났을 때 부모의 사랑을 받지 못했다. 그의 아버지는 항상 그를 재능 없는 실패자라고 낙인찍었으며, 그의 어머니는 항상 본인의 삶을 즐기느라 자식들은 뒷전이었다. 그 또한 어렸을 때부터 공부를 못했으며, 어디 하나 뛰어난 재능을 찾을 수 없었다.

하지만 그랬던 그가 1940년, 영국 총리가 되었으며, 2020년 BBC가 영국인 백만 명을 대상으로 조사한 위대한 영국인 100인 중에서 당당히 1위를 차지했다. 현재까지도 그의 삶 속에 처절하게 녹아내려 간 그 절박함을 국민 또한 인정하고 지지하는 것이다. 이처럼 우리 모두 절박함만 가지고 있다면 그 어떤 일이든 해낼 수 있으며, 성공할 수 있다.

절박함의 시작인 자퇴를 하다

즐겁게 대학 생활을 하고 있던 20살의 나 역시 21살, 대학교 2학년을 앞두고 깊은 고민에 빠지게 됐다. 지금 내가 다니고 있는 이 대학 생활이 맞는 것인지 의구심이 들었다. 그리고 이 길을 쭉 달려 나갔을 때, 그 길 끝의 내 삶은 무엇일지 상상해봤다. 이런 생각을 자꾸 하고, 나의 미래를 들여다볼수록 내 미래의 그림이 밝게 그려지지 않았다. 자꾸 어둡게 느껴지는 내 미래가 그려졌다. 취직을 잘 할 수 있을지 고민하는 내 모습이 그려졌고, 취직하고 난 후 회사생활을 제대로 하지 못할 것 같은 내 모습이 자꾸만 그려졌다.

고등학생이 되고 난 후, 내 간절한 꿈은 초등학교 선생님이었다. 그 꿈의 이유는 매우 현실적이었다. 일단 나는 어렸을 때부터 내 몸이 약하다고 생각했다. 자주 병치레를 했다. 자주 아팠고, 자주 병원에 입원했다. 그래서 나는 내 몸을 많이 아끼면서 할 수 있는 직업이 무엇이 있을지 일찍 고민하게 됐다.

초등학교 선생님은 여름방학과 겨울방학이 있어서, 고등학생 시절 내게는 그 꿈이 멋져 보였다. 그리고 유독 몸이 약한 내가 할 수 있는 직업은 유일하게 그것 하나뿐이라고 생각했다. 그랬던 내가 고등학교 수능을 망치면서 나는 그 꿈과는 먼 대학교를 진학했다.

선생님하고는 전혀 상관없는 학과였으며, 언제 그 꿈을 바라보기라도 했냐는 듯이 나 또한 진심으로 최선을 다해 친구들과 대학 생활을 했다. 그렇게 1년이라는 시간이 지나고 난 후, 나는 현재 내 모습을 적나라하게 들여다봤다. 그리고 적나라하게 들여다볼수록 지금 내가 다니고 있는 학교는 나와 맞지 않는다는 생각이 들었다. 그리고 다시 내가 그토록 바라던 그 꿈을 향해 달려가야겠다고 생각하게 됐다. 그래서 나는 과감하게 대학교 2학년을 앞두고 자퇴를 했다. 그 당시 유일하게 내가 할 수 있는 선택은 자퇴였다.

자퇴하고 난 후, 이제 어떻게 해야 하나 막막했다. 초등학교 선생님이 되려면 교육대학교에 들어가야 하는데, 내가 그만큼 높은 점수를 받을 수 있을지 두려웠다. 그리고 걱정됐다. 마음속으로는 수능 준비를 위해 재수 학원에 다니고 싶다는 생각이 강하게 들었지만, 그 생각을 부모님께 입 밖으로 내뱉지 못했다.

나는 항상 고등학생 시절, 매달 정기적으로 용돈을 받는 친구들이 정말 부러웠다. 나는 한 번도 그런 경험을 해보지 못했기 때문이다. 나는 항상 돈이 부족하다고 말하는 아빠와 그런 아빠의 눈치를 살피는 엄마 밑에서 자랐다. 그래서 내게 돈과 관련된 것은 무엇이든 다 눈치를 보게 됐고, 내게 필요하지만, 그것이 돈과 관련되어 있다면 부모님께 쉽게 입 밖으로 내뱉지 못했었다.

그러니 많은 돈이 들어가는 재수 학원에 다니고 싶다는 말을 결코 입밖에 내뱉을 수가 없었다. 그래서 어쩔 수 없이 혼자 공부를 택해야만 했다. 반강제적으로 혼자 공부를 택해야만 했다. 처음에는 그 선택이 서러워서 혼자서 많이 울었다. 그리고 왜 나는 이런 환경에서 태어났을까 하는 서러운 생각이 봇물 치듯 솟구쳤다. 하지만 그런 생각은 아주 잠시뿐이었다. 나는 혼자서 해내야 하는 공부를 택했기에, 내 감정을 항상 우선 순위에 둘 수 없었다. 이미 자퇴라는 것을 선택했고, 나는 혼자 공부를 택했다. 그래서 모든 것을 내가 스스로 관리해야만 했다.

혼자서 해내야 한다는 것은 그만큼 두렵기도 했지만, 그만큼 내 마음은 절실했다. 시간이 지날수록 그 절박함은 나를 가만히 두지 않았다. 잠시라도 쉬고 있는 나를 용납하지 않았고, 하루 대부분 시간을 의자에 앉아있게 했다. 그렇게 절박함은 비가 오나 눈이 오나 나를 매일 도서관에 가게 했다. 그리고 매일 13시간 이상 의자에 앉아 있게 했다. 아픔도 사치라는 생각이 들었고, 피곤함도 사치라는 생각이 들었다. 절박함이 커질수록 꿈을 더 간절히 들여다보게 됐고, 절박함이 커질수록 내 꿈에 한 발짝 더 다가가는 느낌이었다.

나의 절박함은 그렇게 수능 6등급이었던 나를 1등급까지 만들었다. 교육대학교에 장학금을 받고 들어갔다. 그리고 그토록 원했던 초등학교 선생님이라는 선물을 내게 줬다. 절박함이 나의 인생을 그렇게 바꿔준 것이다.

우리의 마음가짐에 따라 우리는 더 큰 가치를 만들 수 있다

당신이 무엇인가를 시도할 때 자꾸만 실패하고 뒤처진다면 그것은 당신의 절박한 마음이 부족하기 때문이다. 윈스턴 처칠의 말처럼 우리의 마음가짐에 따라 우리는 더 큰 가치를 만들어 낼 수 있다. 당신의 마음이 절박할수록 당신의 마음은 이루고자 하는 그 목표를 더 오랫동안 바라보게 만들 것이다.

오랫동안 바라보는 만큼 당신은 더욱 그 목표를 잡고 싶을 것이며, 그 마음이 커질수록 당신 마음속의 절박함 역시 커질 것이다. 이것이 계속 반복될수록 당신은 목표를 향해 더욱 행동하게 되고, 그 행동이 모여서 결국 당신이 원하는 그 목표를 붙잡게 해주는 것이다. 그러므로 절박함은 목표를 바라보고 있는 당신에게는 반드시 갖춰야만 하는 마음가짐이다. 그 외의 것은 필요 없다. 왜 그 목표를 그토록 절박하게 바라봐야 하는지 당신 자신에게 자꾸 질문해라. 그리고 지금 당신을 힘들게 하는 것들이 무엇인지 정확하게 떠올려라.

자퇴와 어려운 가정형편이 20살의 나를 절박하게 만들었다. 그리고 내 꿈을 이뤄야만 내가 온전히 내 삶을 살 수 있었기에 나는 그만큼 절박했다. 나는 오직 나 스스로 내 인생을 정립해야만 했다. 그 누구도 내 인생을 만들어줄 수 없었다.

그토록 절박한 마음이 있었기에 공부를 못했던 나도 한순간 1등급까지 끌어올렸다. 그것은 내가 처음부터 공부를 잘했기 때문에 그런 것이 결코 아니다. 오직 비결이 있다면 나의 절박한 마음이 나를 절박한 행동으로 몰아갔고, 그 두 가지가 합쳐져서 내게 1등급이라는 결과물을 안겨준 것이다.

우리 모두 절박함을 가지고 있다면 무엇이든 해내지 못할 일은 단 하나도 없다. 해내지 못했다면 그것은 절박함이 부족해서이다. 그러므로 꼭 이루고자 하는 목표가 있다면, 그 목표와 함께 절박한 마음을 가져라. 더욱 절박한 마음을 가질수록 당신의 행동 또한 그만큼 절박하게 변할 것이다. 그리고 절박한 마음과 행동이 합쳐지면 결국 당신이 그토록 원했던 목표를 당신 것으로 만들 수 있을 것이다. 절박함은 무엇이든 이룰 수 있다.

5
_____

최선을 다하면 기회가 찾아온다

최선의 노력만이 기회를 선물처럼 받게 된다

나 권동희, 현재 나는 권마담으로 불리고 있다. 누군가가 내가 가진 유일한 장점 한 가지를 꼽으라고 한다면 나는 자신 있게 이렇게 대답할 수 있다.

"저는 무슨 일이든 절대 대충하지 않습니다. 최선을 다해서, 목숨을 걸고 합니다."

나는 실제로 무슨 일을 시작할 때 대충하지 않는다. 처음부터 대충할 것 같은 느낌이 들면, 나는 그 일 자체를 애초에 시작하지 않는다. 그만큼 나는 무슨 일이든 최선을 다해야 한다는 것을 알기 때문이다.

내 인생 20대부터 난 최선을 다했으며, 내가 최선을 다한 만큼 내게는 다양한 기회가 찾아왔다. 그것을 나는 이미 알고 있기에, 무슨 일이든 최선을 다하려고 한다. 그리고 항상 그 최선 뒤에 숨겨진 기회를 잡으려고 노력한다.

나의 첫 번째 최선의 도전은 바로 워킹 홀리데이였다. 20대 직장 생활을 열심히 하고 있던 나는 과감하게 직장을 그만뒀다. 영어를 절실하게 배우고 싶었기 때문이다. 하루는 호주 유학 생활을 3주째 이어가고 있을 때의 일이다. 호주에 도착해서 생활비를 벌기 위해 나는 '오페어'를 선택했다. '오페어'란 집안일과 육아를 돕고 그것으로 주급을 받는 것을 뜻한다. 영어를 잘하지 못했던 내가 가정집에 들어가서 아이들을 돌보는 것은 쉬운 일이 아니었다. 아이와 아이의 부모님이 쏟아내는 영국식 영어는 미국식 영어만 배웠던 내게는 넘지 못할 벽처럼 느껴졌다.

그래서 자주 그들의 말을 이해하지 못하는 내가 한심하고 원망스러웠다. 하지만 나는 최선을 다했다. 나의 목표는 영어를 제대로 배우기 위함이었기 때문에 무슨 일이든 최선을 다해서 열심히 했다. 결국, 최선을 다한 내 모습에 가족들은 감동하였고, 아이들은 내게 "Heidi, I love you."

라는 말까지 해줬다. 이 일을 계기로 나는 조금씩 낯선 환경에서 자신감을 느끼게 됐고, 내가 자신감을 느낀 만큼 나의 영어 실력도 몰라보게 상승했다.

그렇게 외국에서의 다양한 경험, 다양한 아르바이트를 할 때 나는 매 순간 내가 할 수 있는 최선을 다했다. 그래서였을까? 매번 아르바이트할 때마다 만나는 외국인들은 내게 "너는 반드시 성공할 거야. 어디에서든 분명 성공할 거야."라는 말을 해줬다.

그리고 그런 나의 최선은 영어 실력이라는 것으로 빛이 났다. 워킹 홀리데이를 떠나기 전과 떠난 후의 내 영어 실력은 비교할 수 없을 정도로 월등히 상승했다. 그런 최선의 노력이 있었기에 내게는 영어 강사라는 기회가 찾아왔다. 나의 첫 번째 기회가 그렇게 내 인생에 처음으로 온 것이다.

직장 생활을 과감하게 그만두고 무작정 워킹 홀리데이를 떠났을 때는 솔직히 한국으로 돌아왔을 때의 내 미래가 걱정됐다. 하지만 외국을 나가서 모든 것들에 최선을 다했더니, 한국으로 돌아와서 영어를 배우고 싶은 사람들에게 영어를 가르쳐주는 강사가 된 것이다. 그렇게 나의 최선은 내게 영어 강사라는 기회를 줬고, 또 다른 최선이 내게 더 큰 기회를 안겨줬다.

나의 두 번째 최선의 도전은 책을 쓴 일이었다. 외국을 다녀온 후, 나는 더욱 자기 계발에 많은 시간과 에너지를 쏟았다. 그 시간과 에너지는 나로 하여금 내 맘속에 숨겨져 있었던 꿈을 바라보게 도와줬다. 그 꿈은 바로 강연가의 삶, 동기 부여가의 삶을 살고 싶다는 꿈이었다.

그 꿈을 이루기 위해 나는 열심히 자기 계발을 했으며, 우연히 김태광 작가의 책을 보게 됐다. 책의 내용은 "성공해서 책을 쓰는 것이 아니라, 책을 써야 성공한다."라는 내용이었다. 강연가의 삶을 꿈꾸고 있던 내게 그 책은 큰 울림을 줬다.

당장 책을 써야겠다는 생각에 그를 찾아갔다. 그리고 나는 그날 바로 책 쓰기 과정을 등록했다. 그 후 나는 최선을 다해서 원고를 썼다. 내 이름으로 된 책을 세상에 널리 알리면 반드시 내게 강연가의 삶이 주어질 것임을 나는 알고 있었기 때문이다.

그렇게 내 첫 번째 책『당신은 드림 워커입니까』라는 책이 나온 후 내게는 큰 기회가 찾아왔다. 내 책이 막 나올 당시, 대한민국은 '드림 워커'라는 단어가 한창 유행이었다. 그래서 인터넷에 '드림 워커'라는 단어를 치면 내 책이 함께 검색되어 나왔다. 그 덕분에 나는 전국 곳곳을 다니며 강연을 하러 다녔다.

매일 나는 쉴 새 없이 강연하러 다녔고, 내 강연을 들으러 오는 사람들에게 꿈을 가지라고 말하는 동기 부여가로서의 인생을 살 수 있었다. 그렇게 내게 너무나 기적 같은 두 번째 기회가 찾아온 것이다. 하지만 분명히 말할 수 있는 것은 내게 찾아온 기회는 모두 우연히 내게 온 것이 절대 아니었다. 나는 그만큼 최선을 다했고, 내가 최선을 다했기에 내게 그런 기회가 찾아온 것이다.

인생 스펙을 쌓는 데 시간을 들여야만 한다

내가 이렇게 모든 순간 최선을 다했던 이유는 나만의 인생 스펙을 만들고 싶어서였다. 20대 대학교를 졸업한 후, 대부분의 사람들은 스펙 쌓기에 정신이 없다. 스펙을 쌓아서 대기업 혹은 안정적인 공무원에 취직하고 싶기 때문이다. 그래서 자신의 인생을 들여다볼 겨를도 없이 공부하느라 모든 시간을 쏟게 되고, 공부한 만큼 세월도 지나가게 된다.

나는 그렇게 남들이 다 하는 스펙을 쌓고 싶지 않았다. 그리고 그런 스펙 쌓기에 최선을 다하고 싶지 않았다. 나는 내 인생, 하나밖에 없는 나만의 인생 스펙을 쌓는 데 최선을 다하고 싶었다. 그래서 20대 시절, 나는 친구들도 만나지 않았다. 내 인생 스펙을 쌓는 데 많은 시간을 쏟고 싶었고 나의 모든 에너지를 그곳에만 투자하고 싶었다.

그렇게 해서 나는 워킹 홀리데이를 가게 됐고, 그곳에서 나는 내 모든 열정을 쏟을 만큼 최선을 다했다. 그 결실로 내게는 영어 강사라는 기회가 찾아왔던 것이다. 그 후로도 나는 내 인생 스펙을 쌓는 데 많은 시간을 쏟았다. 자기 계발서를 열심히 읽으면서 성공자의 삶을 그대로 따라 했다. 잠자는 시간도 아까워서 잠을 줄여가면서까지 성공자의 삶을 모방했다.

그렇게 나만의 스토리를 만들어가는 데 최선을 다했고, 그 최선의 노력 덕분에 우연을 가장한 필연적인 만남인 김태광 작가의 책을 보게 된 것이다. 그동안 내가 인생 스펙을 쌓지 않고 다른 사람들처럼 스펙만 쌓고 있었다면, 나는 내 경험과 지식을 책에 쓰기 힘들었을 것이다. 하지만 나는 이미 책을 쓰기 전, 나만의 인생을 위한 인생 스펙을 쌓고 있었기에 나의 그런 경험을 책에 담을 수 있었다.

그래서 나는 그토록 간절히 꿈꿨던 베스트셀러 작가가 될 수 있었으며, 전국을 다니며 강연을 할 수 있었다. 그리고 그들에게 나처럼 인생 스펙을 쌓으라는 조언을 해줄 수 있었다. 이 모두 내가 나만의 인생 스토리를 만들기 위해 최선을 다한 결과이며, 그 최선을 다했기에 내게는 이런 황금 같은 기회가 찾아왔던 것이다.

무슨 일이든 최선을 다하는 것은 정말 중요하다. 특히 나만의 인생 스토리를 만들고 싶다면 더욱더 그렇다. 지금 주어진 어떤 일이든 좋으니 최선을 다해봐라. 중간에 포기하지 않고, 최선을 다한다면 결국 당신도 우연을 가장한 필연적인 만남인 기회가 당신을 기다리고 있을 것이다. 당신은 그 기회가 우연히 찾아왔다고 생각할지 모르지만, 그 만남은 결코 우연이 아니다. 당신이 최선을 다했기에 그만큼 한 걸음씩 걸어 나갈 수 있었으며, 한 걸음씩 걸어갔더니 도착지에 숨겨져 있었던 기회를 당신 손으로 잡은 것이다. 그러므로 무엇이든 최선을 다해라. 그렇다면 그 길 끝에 놓인 기회를 반드시 잡을 수 있을 것이다.

6

백 번 듣는 것보다 한 번 실행하는 것이 낫다

열심히 듣기만 하는 시간 낭비를 당신도 하고 있는가?

극작가 조지 버나드 쇼의 묘비에 이런 글이 적혀 있다.

"우물쭈물하다가 내 이럴 줄 알았지."

나는 이 표현을 항상 듣기만 잘하는 당신에게 이렇게 바꿔서 말하고 싶다.

"매번 듣기만 하더니, 내 그럴 줄 알았지."

4장 | 생각에 행동을 더하면 무엇이든 할 수 있다   223

라고 말이다. 나는 의외로 성격이 급한 편이다. 그래서 무엇인가 해야 겠다고 마음을 먹으면 그 즉시 실천한다. 남들은 그런 나를 보고 "보기와 는 다르게 성격이 급하네."라고 표현을 하거나, "너는 너무 성급하게 하 려고 하더라. 좀 차분히 좀 해봐."라는 말을 자주 한다.

하지만 나에게 이렇게 말하는 사람들에게 나는 이렇게 질문하고 싶다. "도대체 언제까지 기다려야 하고, 언제까지 듣기만 해야 하는데?"라고 말이다. 나는 무슨 일을 시작하기 전에 그 일에 대해 깊게 생각하거나, 꼭 많은 사람의 지도 조언을 받은 뒤 그 일을 실천하려는 사람을 보면 무 척 답답하다.

그나마 여러 명의 지도 조언을 들은 후 실천을 하면 다행이다. 백 번 이 상의 지도 조언을 들었음에도 결국은 자기가 해낼 수 있는 영역이 아니 라면서 바로 포기하는 사람이 있다. 이미 백 번 듣느라 아까운 시간을 낭 비했으면서 결과적으로는 그 일과 관련해서 이루어낸 것이 단 하나도 없 다.

그 아까운 시간만 이야기를 듣느라 날려버린 것이다. 차라리 누군가의 말을 듣기 전에, 자신이 직접 실천을 해보고 실패도 맛봤다면 그 사람에 게는 분명 더 큰 성장의 기회가 오지 않았을까?

당신이 당신 인생의 갑으로 살고 싶다면 실행을 잘하는 사람이 돼라

무엇인가에 도전하기 전에 자꾸 누군가의 조언을 많이 듣게 된다면 나에게 좋을 것이 하나도 없다. 왜냐하면, 사람들은 대부분 긍정적인 면보다 부정적인 면을 더 강하게 보기 때문이다. 그래서 자신이 그 일을 먼저 시도했을 때 겪었던 시행착오, 힘들었던 점들만 유독 구체적으로 알려준다. 그리고 여기에서 또 문제점이 있다면 누군가를 찾아갈 때 자꾸 그 분야에서 실패한 사람들을 찾아가서 지도 조언을 구하는 경우다. 자신은 똑같은 실수를 반복하지 않겠다는 마음으로 그들을 찾아가겠지만, 이미 그 분야에서 실패한 사람들을 찾아간다면 얻을 수 있는 것은 단 하나도 없다. 오히려 그들이 실패했던 내용을 더 생생하게 듣게 되고, 생생하게 듣게 될수록 두려움이 앞서게 된다.

그래서 처음에 "반드시 내가 꼭 성공한다!"라고 생각했던 마음이 이 사람 저 사람의 실패담을 들을수록 "아, 과연 내가 잘할 수 있을까?"로 변하고 결국에는 "에휴, 나도 어떻게 하겠어. 똑같이 실패하겠지." 하고 시도도 하기 전에 포기해버리고 만다.

그러므로 굳이 누군가의 지도 조언을 듣고 싶다면 실패를 많이 한 사람을 찾아가지 말고, 그 분야에서 성공한 사람들만 찾아가서 그들의 이야기를 들어라. 비록 실패했지만 어떤 과정을 거쳐 지금의 성공한 자리에 올라왔는지를 듣는 것은 차라리 많은 도움이 된다. 하지만 이 또한 듣기만 하고 실천을 하지 않으면 아무런 소용이 없다. 그리고 듣기만 할뿐 행동하지 않는 인생에 발전이란 전혀 없다. 계속해서 듣다 보면 인생의 갑이 아닌 인생의 을이 된다.

　그래서 계속 듣기만 잘하는 을의 인생을 살게 된다. 인생의 갑이 되려면 듣기를 그만하고, 단 한 번이라도 실행해야 한다. 실행 없는 인생은 계속해서 갑의 인생을 살 수 없게 된다. 계속해서 을의 인생만을 살게 된다면, 도전하는 것이 점점 두려워지게 된다. 더 나은 삶을 살고 싶은 욕구보다는 도전에 대한 두려움이 더 커져서 현실에 안주한 채 살게 되는 것이다.

　그러므로 당신이 당신 인생의 갑으로 살고 싶다면 이제부터는 듣기를 잘하는 사람이 되지 말고 실행을 잘하는 사람이 돼라. 사소한 것 하나라도 남 눈치 보지 않고, 꼭 누군가의 도움이 있어야만 실행하려고 하지 말라. 오직 당신의 감각과 당신의 능력을 믿어라.

　처음에는 자기 자신을 믿고 바로 실천을 한다는 것에 많은 두려움이 생길 것이다. 그리고 자꾸만 자신의 능력을 의심하게 될 것이다. 하지만 그 한 번이 어려울 뿐이지 두 번째, 세 번째부터는 자신감이 붙는다. 그래서 그 한 번의 벽을 과감하게 깨트려야만 계속해서 더 나은 도전을 할수 있다. 그리고 도전을 많이 할수록 내 인생의 진정한 갑이 되는 것이다. 내가 즐겨 보는 〈서민 갑부〉라는 프로그램에 나오는 대부분 사람들이 바로 이런 사람들이다.

백 번 듣는 것보다 스스로 먼저 실천을 해서 성공을 했기에, 그 과정을 〈서민 갑부〉라는 프로그램을 통해 보여주는 것이다. 그들 또한 처음부터 그렇게 성공한 것은 아니었다. 많은 실패가 있었고 좌절이 있었지만, 그것을 이겨내고 다시 한 번 과감하게 실행을 했기 때문에 〈서민 갑부〉의 위치에 올라가게 된 것이다.

한 번밖에 없는 인생 최선을 다해서 즐기고 가야 한다

우리는 한 번밖에 없는 인생 최선을 다해서 즐기고 가야 한다. 최선을 다해서 즐기려면 내가 내 인생의 갑이 돼야 한다. 누군가에게 휘둘리고, 누군가의 도움을 받으면서 사는 인생을 살려고 하지 말고, 나 스스로 인생의 주체가 되고 주인이 돼야만 한다.

당신에게는 두 귀만 달린 것이 아니다. 당신은 직접 실천할 수 있는 마음, 그리고 당신의 두 손과 두 발이 버티고 있다. 자꾸만 작은 부분을 차지하는 그 귀에만 당신의 모든 인생을 맡기지 말라. 그 귀보다 더 대단한 당신의 마음과 손과 발이 당신의 실천을 하염없이 기다리고 있다.

그것을 무시하고 자꾸 귀로만 이 세상을 살아가려고 한다면, 당신 인생의 폭도 그 귀만큼 작아지게 된다. 그래서 자꾸만 움츠러들게 되고, 어쩌면 그 귓속처럼 당신만의 동굴이라는 세상을 만들어서 도전과는 담을 쌓게 되는 인생을 살지도 모른다.

그러므로 자꾸만 움츠러들려고 하는 당신을 당신의 귓속에서 과감하게 빼내라. 그리고 당신의 건강한 팔과 다리로 시선을 향해라. 시선을 바꾸면 당신 시야에는 더 많은 것들이 보이게 된다. 그리고 그만큼 당신의 능력을 믿게 된다. 더는 움츠러들지 않고, 단 한 번이라도 실행하고 싶다는 마음가짐으로 변하게 된다.

더도 덜도 말고 단 한 번이라도 실행을 해봐라. 두려운 마음을 극복하고 단 한 번이라도 실행하면, 당신에게는 많은 도움이 된다. 한 번의 실행에서 실패를 맛봤다고 해도 그 또한 이미 반은 성공한 셈이다. 비록 한 번의 실패를 경험하긴 했지만, 당신은 누군가에게 의존하는 삶이 아닌 당신 스스로 실천하는 주도적인 삶을 살고 있기 때문이다.

우리는 모두 인생의 을이 아닌 인생의 갑이 돼야 한다. 내 인생의 갑이 되려면 귀로만 세상을 살려고 하는 나를 다그쳐라. 그래서 듣는 사람이 아닌, 직접 실천하는 사람이 돼라. 직접 실천하는 사람에게는 귀로만 세상을 보는 사람에게는 보이지 않는 많은 것들이 보인다. 그리고 그 많은 것들을 자신의 인생 안에 하나씩 차곡차곡 넣을 수 있다. 당신 또한 그 많은 것들을 당신의 인생 속에 쌓는 사람이 되어야만 한다.

7

실천 없는 성공은 없다

꾸준한 실천만이 결국 1등을 거머쥔다

어렸을 적부터 나는 독하다는 말을 자주 들었다. 나는 무엇인가를 꼭 이루고자 한다면 즉각 실천했다. 그리고 될 때까지 반복했다. 내가 성공할 때까지 그 행동을 반복한 것이다. 어렸을 적, 내가 살던 주택가에서는 내 또래들과 함께 훌라후프 대회를 자주 열었다. 오랜 시간 동안 훌라후프를 돌리는 사람이 1등이 되는 것이다.

나는 그 훌라후프 대회 1등이 되기 위해 매일 치열하게 연습했다. 왜 그토록 1등을 차지하고 싶었는지 모르겠지만, 어찌 됐건 나는 그 대회 날을 기다리며 열심히 실천하고 또 연습했다. 그리고 결국 동네에서 훌라후프 대회를 연 날, 나는 당당하게 1등을 했다. 나의 실천이 1등이라는 성공을 거머쥐게 된 것이다.

고등학생이 됐을 때는 학교에서 체력장 시험을 봤다. 그 중, 내가 가장 취약했던 부분은 '철봉 매달리기'였다. 내게 제일 부족한 부분이지만 나는 반드시 꼭 가장 오래 버티는 학생이 되고 싶었다. 그래서 틈날 때마다 학교 철봉에서 매달리거나 주말이면 집 앞 초등학교에 가서 미친 듯이 철봉에 매달렸다.

드디어 체력장 시험을 보는 날이 다가왔고, 나는 온몸을 떨면서까지 오래 버티는 데 성공했다. 그날 온몸을 떨면서도 끝까지 버텨내는 나를 보고 내 친구들은 이렇게 말했다.

"야, 그게 뭐라고. 뭔 그렇게까지 바들바들 떨면서까지 버티고 있냐. 진짜 독하다, 너는."

이라고 말이다. 이런 독함은 내가 자퇴를 하고 난 후, 혼자 공부를 하고 나서 교육대학교에 갔을 때도 쭉 이어졌다. 교육대학교는 초등학교의 연장선이다. 그래서 초등교육에서 하는 모든 것들을 직접 몸으로 익히고 실습을 해야 한다.

대학교 2학년이 됐을 때, 우리는 배구를 배워야만 했다. 초등학교에서는 '배구 문화'가 형성되어 있다. 그래서 친목, 혹은 단합 등 어떤 명목에서든 항상 빠지지 않고 하는 것이 '배구'다. 처음 해보는 배구가 낯설었고 서브를 넣는 것이 무척 힘들었다.

그래서 결국 내가 포기했을까? 결코, 아니다. 나는 인터넷으로 배구공을 샀다. 그리고 매일 집 앞 초등학교 운동장에 가서 연습했다. 오빠에게 배구공을 던져달라고 부탁하고, 나는 하루에도 백 번이 넘게 서브 연습을 했다. 손목에 피멍이 들어갈 정도로 그렇게 연습했다. 오직 실천만이 성공의 길이라는 것을 어렸을 때부터 뼈저리게 알고 있었기 때문이다.

그 덕분에 나는 배구 서브 시험 날 여학생 중 당당히 1등을 차지했다. 그리고 나의 배구 성적표에는 그 성공을 입증하듯이 A+ 이라는 성적표가 멋지게 적혀 있었다. 또 하나의 실천이 그렇게 A+라는 성공으로 내게 주어진 것이다.

형이상학자로 유명한 나폴레온 힐 또한, 실천과 관련해서 우리에게 깊은 조언을 이렇게 남긴다.

"열망을 실현하기 위해, 명확한 계획을 세웠다면 즉시 시작하라. 준비가 됐건 안 됐건, 먼저 이 계획을 실천에 옮겨라."

실천에 옮기지 않는 이상 나의 미래는 변하지 않는다

실천에 옮기지 않는 이상 나의 미래는 변하지 않는다. 그리고 나폴레온 힐처럼 나의 실천이 없다면 내 열망은 실현시킬 수 없다. 그 열망은 내가 이루고자 하는 간절한 꿈일 수도 있다. 혹은 지금보다 더 나은 미래를 꿈꾸는 나의 희망이 될 수도 있다. 무엇이 되든 좋다. 내가 원하는 그 열망을 반드시 꼭 붙잡고 싶고 이루고 싶다면 가장 중요한 것은 실천이다. 실천 없는 성공은 존재하지 않는다. 그만큼 실천은 매우 중요하다.

작심삼일이라는 말이 있다. 결심한 마음이 채 사흘이 지나지 않는다는 고사성어다. 만일 나 또한 작심삼일을 대표하는 사람 중의 한 사람이라면 과감하게 그런 태도를 바꿔야 한다. 무엇인가를 이루고자 마음을 먹었다면 마음을 먹음과 동시에 바로 실천을 해야 한다는 말이다.

'내일부터 해야지.' 하다 보면 결국은 당신의 인생이 끝난다. 그리고 인생이 끝났을 때 '아 그때, 했어야 했는데.' 하면서 결국 후회의 눈물을 지으며 눈을 감게 된다. 내일만 외치던 그 삶에서 벗어나지 못하고, 결국 현실이라는 곳에 머문 채로 후회의 마음만 한가득 품고 이번 생을 마감하는 것이다.

이루고자 하는 것을 생각함과 동시에 실천하라

현실에만 안주하는 삶은 행복한 삶이 아니다. 우리는 모두 위대한 능력을 갖추고 태어났다. 그리고 우리가 이 세상에 태어난 이유는 그 위대한 능력을 발휘하기 위해 태어났다. 나만 알고 내 생각으로만 끝내고 마는 그런 능력을 신은 원하지 않는다.

당신이 이루고자 하는 것을 생각함과 동시에 실천한다면 당신은 당신의 숨겨진 능력을 발견하게 되고 그것을 보며 성장한다. 철봉에 10초도 매달리지 못했던 고등학교 1학년 소녀였던 나 역시, 온몸을 바들바들 떨 정도로 연습을 했더니 결국 매달리기에서 1등을 했다. 그것 또한 나의 숨겨진 능력이다.

내가 실천을 하지 않고, 10초도 못 매달렸던 내 모습만 바라보며 '아~ 내일부터 철봉 매달리기 연습해야 하는데.'라고 말만 하고 실천하지 않았다면 어떻게 됐을까? 나는 결국 체력장 시험 때 철봉에 10초도 매달리지 못한 채 바닥에 떨어졌을 것이다. 그리고 내 능력이 그것밖에 안 된다고 생각하면서 평생을 살았을 것이다.

훗날 성인이 된 후, 철봉 매달리기를 할 때가 됐을 때도 고등학생 때 10

초도 매달리지 못했던 내 모습을 떠올리면서 "나는 철봉 매달리기는 젬병이야. 정말로 못해." 하면서 나 자신을 그렇게 평가했을 것이다. 그렇지만 매달리기를 해야 한다는 생각과 함께 철봉을 매달렸더니 어떻게 됐는가? 결국, 나는 해냈다. 1등이라는 성공을 맛봤다. 그리고 성인이 된 지금, 나는 철봉 매달리기를 못하는 사람으로 나를 평가하지 않는다. 그때의 성공 기억을 떠올리면서 '나는 철봉 매달리기를 참 잘하지.'라고 나를 평가하게 된다.

나의 숨겨진 능력은 내가 실천하지 않는다면 평생 모르게 된다. 그리고 평생 모르는 만큼 그 능력을 발휘하지 못하게 된다. 우리 인간은 진화할수록 많은 모습으로 변했다. 필요한 부분은 더욱 성장하고 불필요한 부분은 과감히 퇴화시켰다.

당신의 능력 또한 마찬가지다. 당신의 숨겨진 능력을 실천하지 않을수록 당신의 능력은 시간이 지날수록 퇴화하게 된다. 그리고 결국에는 사라지고 만다. 아까운 능력을 한 번도 써보지도 못한 채 그렇게 허무하게 보내는 것이다.

당신 또한 많은 것에서 성공할 수 있다. 사소한 것도 좋다. 예를 들어, 살을 빼기로 했다면 당신 스스로 당장 실천하면 된다. 굳이 헬스장을 가거나 트레이너를 통해서만 살을 뺄 수 있는 것은 결코 아니다. 당신이 마음만 굳게 먹고 바로 오늘부터 실천한다면, 집에서도 충분히 살을 뺄 수 있다. 실천에는 결국 성공이라는 정답이 숨겨져 있기 때문이다.

우리 모두 많은 능력을 갖추고 태어났다. 그리고 그 능력은 내게 숨겨져 있다. 내가 실천을 많이 할수록 나의 숨겨진 능력은 내게 보일 것이며, 그 능력이 내게 많은 성공을 맛보게 해줄 것이다. 성공을 많이 한 사람의 삶은 더욱 큰 꿈을 바라보며 살게 된다. 그리고 자신의 숨은 능력을 찾기 위해 끊임없이 실천하게 된다. 그러므로 사소한 것 하나라도 하고 싶다고 마음을 먹었다면, 지금 당장 실천해라. 그리고 그 사소한 것을 충분히 성공시키는 내 능력을 직접 확인해라. 실천 없는 성공을 바라는 마음은 가만히 앉아서 하늘의 별을 따겠다는 마음과도 같음을 명심하자.

8

실천력이 나의 미래를 결정한다

오직 실천력만이 나의 미래를 바꿀 수 있다

'디지털 노마드'는 시간과 장소의 구애 없이 일하는 디지털 유목민을 뜻하는 신조어다. 그래서 요즘 대부분 사람들이 꿈꾸는 직업이 바로 디지털 노마드다. 출근하지 않고 1~2시간만 일을 해도 직장 월급보다 더 많은 돈을 벌 수 있으니, 그 누가 이 삶을 싫어하겠는가?

그래서 유튜브, 블로그 등 다양한 곳에서 디지털 노마드의 삶을 사는 사람들이 자신의 일상을 소개하고 있다. 그리고 어떻게 해서 디지털 노마드의 삶에 성공했는지 그 과정을 알려주고 있다. 그중 백수의 삶을 살고 있다가 스마트스토어를 통해 월 500만 원 이상의 수입을 벌어들인 청년도 있었다.

혹은 주부로 살고 있다가 디지털 노마드의 삶에 뛰어들어 월 1,000만 원 이상의 수입을 벌어들이고 있는 사람도 있다. 또는 평범한 가정주부의 삶이 지겨워서 아이와의 일상을 유튜브에 꾸준히 올렸던 한 주부도 있다. 그 주부가 빠짐없이 했던 것은 자신의 일상을 유튜브에 올린 것이 전부였다. 목이 늘어난 옷을 입고 아이를 돌보는 모습, 화장도 못한 채 아이를 업고 마트에 가는 모습 등 평범한 일상을 적나라하게 보여줬다.

그래서였을까? 집에서 독박육아를 하는 엄마들은 그 영상을 보며 공감했다. 그리고 그 모습을 보고 위로를 받았고, 그 덕분에 그 평범했던 주부 역시 디지털 노마드의 삶을 살게 됐다. 더는 독박육아를 하지 않고 당당한 워킹 맘으로서의 삶을 살게 된 것이다.

위에 열거한 사람들의 공통점이 있다면 이 사람들은 모두 실천을 했으며, 그 실천 덕분에 이들의 삶이 몰라보게 달라졌다는 것이다. 백수였던 청년은 스마트스토어라는 것을 실천했고 그로 인해 월 500만 원 이상의 수입을 벌어들이게 됐다.

그리고 이 일을 계기로 디지털 노마드를 꿈꾸는 사람들을 위한 동기 부여가의 삶까지 선물처럼 받게 됐다. 평범하게 아이를 키우고 있었던 주부도 마찬가지다. 한 주부는 아이를 키우면서 스마트스토어를 통해 월 1,000만 원이라는 수입을 벌었다. 또 다른 주부는 아이와의 일상을 유튜브에 올렸을 뿐인데 그 덕분에 워킹 맘이라는 삶을 선물 받게 됐다. 이 모든 것이 다 실천이라는 것을 통해 그들의 미래가 달라진 것이다.

하지만 단순히 실천했다고 해서 이렇게 미래가 달라지는 것은 결코 아니다. 나의 미래를 바꾸겠다는 강한 열망을 지속하는 힘, 즉 실천력을 가지고 있는 사람만이 그것을 통해 당당하게 미래를 바꿀 수 있는 것이다. 자신의 모습을 유튜브에 올렸던 가정주부 또한 몇 번 영상을 올리고 난 후, 아이를 돌봐야 한다는 핑계로 영상을 더는 올리지 않았다면 그녀가 워킹 맘이 될 수 있었을까? 아마 3~4개의 동영상만 올려져 있는 그녀의 유튜브를 그 누구도 계속 구독하지 않았을 것이다.

이제 막 시작한 유튜버라고 생각하거나, 계속해서 올라오지 않는 동영상을 보면서 더는 관리하지 않는 유튜브 채널이라고 생각하고 바로 나왔을 것이다. 그녀가 성공할 수 있었던 것은 꾸준한 실천력 덕분이었다. 그 꾸준한 실천력 덕분에 그녀의 평범했던 삶이 조금씩 유튜브에서 노출이 됐을 것이며, 그것을 본 사람들이 그녀의 삶을 지지하고 응원해줄 수 있었기에 미래가 달라졌던 것이다.

단지 몇 번만 실천하고 그만두는 행동으로는 나의 미래를 절대 바꿀 수 없다. 한두 번만 하고 말아버리는 실천은 하지 않느니만 못하다. 이왕 하기로 마음을 먹었으면 그 마음을 계속 붙잡고 꾸준히 실천하는 것만이 미래를 바꿀 수 있다. 내 운명을 바꿀 수 있는 것이다. 그 힘이 부족한 사람은 절대 삶을 바꿀 수 없으며, 그 사람에게는 실천력이 있다고 말할 수 없다.

실천만 하지 말고 실천력을 더해야만 한다

당신이 당신의 삶을 바꾸기 위해 치열하게 노력했다고 생각하는가? 하지만 지금 당신의 현실에서 바뀐 것이 전혀 없다면 그것은 어떤 노력도 하지 않았다는 증거다. 그러므로 자기 위안으로 '나는 열심히 했어.'라고 다독여서는 안 된다. 아무런 변화가 없는 것은 실천만 있었을 뿐이지 당신의 실천력은 전혀 없었던 것이다. 그래서 아무런 변화가 없는 자신을 보며 위로를 해줄 것이 아니라 강하게 채찍질을 해야 한다. '실천만 하지 말고, 거기에다가 실천력을 더해야지! 실천은 누구나 할 수 있는 거야.'라고 말이다.

그러므로 당신이 실천을 잘하는 사람이라면 이제는 실천만 하지 말고 거기에 실천력을 더해야 한다. 어떤 분야에서 성공한 사람은 반복된 실천만 했기 때문에 성공한 것이 결코 아니다. 만일 반복되는 실천만이 성공의 비결이라면, 그 어떤 사람이든 실천만 했다면 모두가 다 성공할 것이다. 하지만 그렇지 않다. 그 이유는 실천력이다. 즉 실천력이 누군가의 성공과 실패를 좌지우지하는 것이다. 그리고 그 실천력이 우리의 운명을 바꿔주는 것이다. 그래서 누군가의 삶이 갑자기 바뀌었다면, 그것은 그 사람이 자신만의 숨겨진 실천력을 잘 활용했기 때문에 가능했던 일이다.

위에서 언급한 월 500만 원을 벌게 된 평범했던 백수의 이야기를 다시 해보자. 그의 과거는 평범했던 백수지만 그는 더는 백수가 아니다. 그의 미래는 몰라보게 달라졌다. 그는 고정적인 수입을 벌어들이고 있으며, 그 삶을 동경하고 꿈꾸는 사람들을 위한 동기 부여가로서의 삶도 살고 있다.

그의 과거 시절 모습을 보면 그를 포함한 모든 사람이 백수의 삶을 벗어날 수 없으리라고 생각했을 것이다. 백수 생활을 하고 있던 그가 우연히 유튜브를 통해 스마트스토어를 알게 됐다. 그리고 그것을 통해 수입을 벌 수 있다는 사실을 알게 됐다.

그 후 그는 스마트스토어와 관련된 모든 유튜브 영상을 하루도 빠지지 않고 봤다고 한다. 그리고 그것으로 매일 공부했다고 한다. 돈이 없는 백수였기 때문에 돈이 들지 않는 유튜브 영상으로만 공부했고, 그것이 그의 실천력으로 매일 이어졌던 것이다.

실천과 실천력이 더해지니 당연히 그는 성공할 수밖에 없었다. 그 또한 자신의 숨겨진 실천력을 이번 일을 계기로 발견했을 것이다. 자신의 실천력을 발견한다는 것은 대단히 중요하다. 이다음 일에 성공할 때도 자신의 실천력을 잘 활용할 수 있기 때문이다.

나 또한 내 삶을 바꾸고 싶다면 실천력을 더해야 한다. 실천력이 있어야만 한다. 만일 항상 생각만 하고 실천하지 않는 사람이라면 당신은 먼저 실천부터 시작해야 한다. 처음부터 실천력을 활용할 수는 없다. 예를 들어 실천이 운전면허증이라면 실천력이 자동차가 된다. 운전면허증을 따지 않고서는 우리가 자동차를 몰 수 없다.

당신의 실천과 실천력 또한 마찬가지다. 운전면허증이라는 실천을 미리 잘 만들어두지 않으면, 당신은 계속해서 자동차를 몰 수 없다. 실천력이 계속 더해지지 않는 것이다. 실천력이 없는 실천은 자동차 없는 장롱면허나 다름없다. 그래서 계속 내 삶이 바뀌지 않고, 내 미래가 바뀌지 않는 것이다. 그러므로 당신 스스로 실천을 잘하는지를 생각해보고, 실천이 부족하다면 그것을 먼저 채우는 습관을 들여야만 한다.

실천 없는 실천력은 존재하지 않는다. 그리고 실천력 없는 미래는 현재와 같다. 실천이 없다면 지금보다 못한 삶을 살게 되고, 실천력이 없다면 그저 지금처럼 평범한 현실에 안주하는 삶을 살게 된다. 지금처럼 평범한 삶을 꿈꾼다면 실천을 해라. 하지만 지금보다 더 나은 미래를 꿈꾼다면 그 실천에 실천력을 더해라. 그래야만 당신의 미래가 당신이 원하는 방향으로 바뀔 것이다.

4 첫 흑인 여성 재벌, 마담 C. J. 워커

마담 C. J. 워커는 여성들의 머리 손질, 미용 제품을 만들어 대기업을 만든 최초의 미국 흑인 여성이다. 마담 C. J. 워커의 삶은 태어났을 때부터 무척 고달팠다. 그녀는 1867년 미국 남부 루이지애나 주에서 태어났다. 어렸을 적 이름은 새라 브리들러브였으며, 그녀의 부모는 노예 출신이었다. 그녀의 가족은 모두 미시시피 강 유역의 목화밭에서 목화 따는 일을 했다. 그녀 또한 어렸을 적 대부분의 시간을 목화 따는 일에 전념했다.

그녀가 7살이었을 때, 불행하게도 그녀의 부모는 모두 황열병에 걸려 세상을 떠나고 말았다. 14살에 결혼한 마담 C. J. 워커는 20년이라는 세월을 농장, 빨래터 등을 다니며 옷을 빠는 일을 했다. 그녀의 삶은 결혼 이후에도 달라진 것이 없었으며, 매일 가난에서 벗어나지 못하는 삶을 살고 있었다. 빨래터에서 매일 일하던 그녀의 모발에 어느 날 갑자기 문제가 생기고, 그녀의 머리카락은 계속 빠지며 잘 부러졌다. 모발을 개선하기 위해 여러 제품을 써봤지만 아무런 소용이 없었다. 그때 갑자기 그녀의 머리에서 번뜩이는 아이디어가 스쳐 지나갔다. 바로 자신의 머리를 건강하게 하는 제품을 만들면 분명 돈을 벌 수 있겠다는 생각이었다.

그 후 그녀는 모발과 두피를 보호하는 제품을 연구하고 또 연구했다. 그 결과 머리털이 새로 나는 제품을 결국 만들게 됐다. 이 제품을 계기로 그녀의 사업은 번창하기 시작했다. 그리고 그 덕분에 그녀는 연간 수억 달러를 버는 여성이 되었다.

그녀가 제품을 개발하는 일에 소홀했거나, 두피를 보호하는 일에 소홀했다면 그녀는 죽기 전까지 옷을 빠는 일만 했을 것이다. 그리고 그녀의 삶은 전혀 달라지지 않았을 것이다. 그러나 그녀는 자신의 머리를 보며 새로운 제품을 만들겠다고 다짐했고, 그 다짐과 동시에 행동으로 실천했다. 덕분에 그녀는 흑인 여성 최초로 재벌이 된 것이다. 당신 또한 번뜩이는 아이디어가 생긴다면 그 아이디어가 절대로 스쳐 지나가게 놔두지 말라. 반드시 그 아이디어를 행동으로 보여줘라.

5 장

당신만의 기준으로

세상에 나아가라

1
_____

온전히 나를 위해 살아라

우리는 우리 인생을 이기적으로 살아야만 한다

당신은 살면서 이기적이라는 말을 몇 번이나 들어봤는가? 이기적이란 자기 자신만의 이익을 뜻하는 것을 의미한다. 우리는 흔히 자기밖에 모르는 사람들을 보며 참 이기적인 사람이라고 말한다. 그리고 자기밖에 모르는 사람이라며 흉을 보기도 한다. 하지만 인생을 놓고 봤을 때 이기적인 사람이 잘사는 인생일까, 아니면 단 한 번도 이기적이라는 말을 듣지 않은 사람이 잘사는 인생인 걸까?

결론부터 말하자면 우리는 우리 인생을 이기적으로 살아야만 한다. 즉 누군가에게 이기적이라는 말을 많이 들을수록 온전히 나를 위해 산다는 말이 되는 것이다. 이기적이라는 말을 듣지 않는다는 것은 그만큼 나를 위해 사는 것이 아닌, 남을 위해 사는 인생을 뜻한다. 그래서 남의 눈치를 많이 살피게 되고, 남의 시선을 의식하는 삶을 살게 된다. 그렇게 되면, 무엇을 택하든 자신을 위한 길이 아니다. 선택하기 전에 남들의 의식을 먼저 바라보게 되고, 그들의 시선이 원하는 방향으로 인생의 방향을 선택하는 것이다.

내 나이는 지금 30대 중반을 향해 가고 있다. 그리고 나의 20대는 온전히 나를 위해 살았다. 남들이 나를 욕하고, 이기적이라고 말할지라도 나는 오직 나만을 바라보며 치열하게 하루하루를 살았다. 나는 내 인생을 지키고 싶었다. 그리고 그 인생을 지킬 수 있는 사람은 오직 나뿐이라는 것을 일찍 깨달았다. 그러므로 나는 이기적으로 변해갔고, 이기적으로 변해갈수록 온전히 나를 위한 삶을 살 수 있었다.

나는 내 첫 번째 대학교를 과감하게 자퇴했다. 부모님의 만류에도 불구하고 나는 나만을 위해 자퇴를 했다. 그 이유 또한 단순했다. 온전히 나를 위한 선택이었다. 내가 그리는, 내가 꿈꾸는 인생을 살려면 그 인생을 만들어줄 사람 또한 나밖에 없었다. 그런 인생을 살려면 내가 먼저 자퇴를 해야 했고, 나 스스로 그 꿈을 만들기 위해 고군분투해야만 했다.

온전히 나만 생각하며, 나의 꿈만 바라보며 지낼수록 나는 내 꿈을 더 가까이에서 들여다볼 수 있었다. 그리고 과감하게 그 꿈을 온 힘을 다해 붙잡을 수 있었다. 그래서 나는 그 꿈을 이룬 직장을 가지게 됐고, 그 꿈 덕분에 온전히 나만의 인생을 만들 수 있었다.

결혼 역시 마찬가지다. 한국의 결혼 문화는 가장 먼저 고려하는 것이 배우자의 직업이다. 흔히 말하는 '사'자로 끝나는 직장을 가진 사람과 결혼을 한다면, 주변 사람들은 "와~ 정말 결혼 잘하는구나." 하며 부러움의 시선으로 바라보게 된다. 그리고 그 직업에 맞는 배우자와 결혼을 하는 것이 특별한 삶이라고 생각한다. 그리고 그런 삶을 누군가에게 과시하며 사는 것을 잘사는 삶이라고 생각한다. 이 또한 온전히 자신을 위해 사는 것이 아니라, 남의 시선을 생각하면서 사는 인생이 되는 것이다.

20대의 나는 결혼을 생각할 때, 배우자의 직장은 아무런 걸림돌이 되지 않았다. 그것은 나를 위한 것이 아니었다. 어렸을 적부터 우리 아빠는 항상 바빴다. 엄마와의 사이가 좋지 않았기 때문에 아빠는 대부분 시간을 다른 사람들을 만나는 데 활용했다. 나 또한 엄마, 아빠가 함께 있는 공간의 침묵이 무겁고 싫었다.

아빠는 항상 밤 11시가 다 돼서야 집에 들어왔으며, 나는 다른 친구들처럼 아빠와 대화를 나눠본 적이 거의 없었다. 그런 시기를 지내고 20대가 되니 나는 문득 아빠의 사랑을 느낄 수 있는 사람과 결혼을 하고 싶다는 생각을 하게 됐다. 그리고 나는 '잘한 결혼'이란 아빠처럼 나를 따뜻하게 챙겨주는 사람을 만나는 것이라는 생각을 가지고 있었다. 온전히 나만을 위한 결혼은 그런 배우자를 만나는 것이었다. 그리고 28살, 나는 그런 사람을 만나게 됐다. 내 이야기를 잘 들어주고, 항상 따뜻하게 잘 챙겨주는 모습이 좋았다. 이런 챙김은 내게 있어 '아빠의 사랑이 있다면, 이런 따뜻함이 아빠의 사랑이겠구나.' 하는 느낌을 들게 해줬다.

그 사람은 그 당시 아무런 직업이 없었다. 막 대학교를 졸업한 취준생이었다. 그러나 그런 것은 아무런 걸림돌이 되지 않았다. 온전히 나를 위한 배우자는 아빠 같은 따뜻함을 주는 사람이었기 때문이다. 그래서 그가 직장을 잡아가는 과정을 함께 했으며, 우리는 그렇게 결혼을 했다. 지금도 나는 아빠 같은 따뜻함을 그에게서 받고 있으며, 온전히 나를 위한 선택을 했기 때문에 지금도 행복한 인생을 살고 있다고 말할 수 있다.

내 맘이 끌리는 대로, 내가 하고 싶은 대로 하면서 살아라

이처럼 온전히 나를 위해 살아가는 방법은 매우 간단하다. 그냥 내 맘이 끌리는 대로, 내가 하고 싶은 대로 하면 된다. 굳이 부모님 눈치, 다른 사람들의 눈치를 살필 필요가 없이 내 마음이 원하고 내 마음이 끌리는 방향으로 행동을 옮기면 되는 것이다.

　다양한 사람들의 눈치를 살피면서 살다 보면 정작 내가 하고 싶은 대로 살지 못하게 된다. 그리고 그만큼 온전히 나를 위한 것을 많이 포기하며 살게 된다. 이런 인생을 죽기 전까지 살게 된다면 과연 인생을 재미있게 살 수 있을까? 혹은 인생에 대해 긍정적으로 바라보며 살 수 있을까?
　누군가에게 이기적이다, 자기밖에 모른다는 말을 들을지언정 우리는 내 맘이 이끌리는 대로 선택하고 행동해야 한다. 다른 사람이 아닌, 온전히 나만을 바라보며 나를 위한 선택을 이어가야 하는 것이다. 내 인생은 오직 나만의 것이다. 그리고 나에 대해 잘 아는 사람은 다른 사람이 아닌 나 자신이다.

　이런 나의 인생을 나를 위한 선택을 하지 않고, 다른 사람을 위한 인생, 보여주기 인생을 살게 된다면 내 삶에서 진정한 행복이란 있을 수 없다. 잠시 그 다른 누군가의 인정과 칭찬을 통한 가짜 행복을 맛볼 뿐이며, 그 가짜 행복은 내 인생의 진짜 행복이 결코 될 수 없다.

　다른 사람이 귤을 먹으라고 해도 내가 사과를 먹고 싶다면 과감하게 사과를 택하면 된다. 귤을 택하지 않았다는 이유로 욕을 먹는다고 해도 사과를 택하면 된다. 사과를 택하는 것은 온전히 나만을 위한 것이다. 아주 잠깐 누군가에게 욕을 먹을지라도, 나를 위한 선택을 했으니 당신 선택에 대한 후회는 없을 것이다.

그러나 만일 사과를 먹고 싶지만 다른 사람들로 인해 귤을 선택했다면, 그 순간은 다른 사람들의 칭찬을 받을 것이다. 그리고 다른 사람들에게 인정을 받을 것이다. 하지만 그런 칭찬과 인정은 아주 잠시뿐이다. 그 사람들은 시간이 지나고 나면 당신에게 귤을 권유했던 자신들의 모습을 기억조차 하지 못할 것이다.

당신 스스로만 사과를 선택하지 못한 자신을 바라보며 후회를 할 것이며, 그들은 당신이 후회하든 말든 아무런 관심도 없을 것이다. 이처럼 다른 사람들은 내게 그렇게 많은 관심을 두고 있지 않다. 그리고 한순간, 내게 관심을 가진다고 해도 그들은 뒤돌아서면 그랬던 자신들의 모습조차 기억하지 못한다.

그러므로 잠시 내게 관심을 가진 그들의 시선을 바라보며, 내가 원하지 않는 방향을 선택하는 것은 바보 같은 짓이다. 바보 같은 행동이다. 욕먹는 것은 한순간이다. 그리고 나를 비난했다는 사실조차 그들은 시간이 지나면 잊어버린다. 가장 현명한 것은, 내가 원하는 것을 이기적으로 잘 선택하는 것이다.

당신의 삶을 이기적으로 살아라. 그리고 자기밖에 모른다는 말을 자주 들어라. 누군가에게 이기적이라는 말을 들을수록 당신은 당신의 인생을 정말로 잘살고 있는 것이다. 누군가를 위한 삶이 아닌, 온전히 당신만을 위한 인생을 잘살고 있다는 증거이다. 그러므로 지금까지 그런 말을 들어본 적이 없는 인생을 살았다면, 이제부터라도 달라져라. 이제부터라도 이기적이라는 말을 듣는 인생을 살아라. 그 인생이 오직 당신을 위한 인생이며, 우리는 그런 인생을 살아야만 한다.

너만의 기준으로 세상으로 나아가라

사회가 정한 기준에 당신 자신을 맞추고 있지는 않은가?

우리는 알게 모르게 사회가 정한 기준을 바라보며 살게 된다. 먼저 초등학교라는 곳에 입학한 후, 시험이라는 것을 마주치게 되면 그 기준을 통한 평가를 처음 당하게 된다. 바로 '공부'라는 줄 세우기 문화다. 우리 모두 초, 중, 고등학교에 다니며 줄 세우기 문화를 경험했을 것이다. 중간고사, 기말고사를 보고 난 후 성적에 따라 등수를 매기는 줄 세우기 문화. 그리고 그 줄의 앞에 서 있을수록 선생님과 친구들의 인정을 받게 된다.

그런 줄 세우기 문화를 우리는 초등학교 6년, 중학교 3년, 고등학교 3

년 이렇게 12년 동안 경험하게 된다. 그리고 그 줄 세우기 문화는 고 3 수능이라는 것으로 정점을 찍게 된다. 바로 수능 점수에 맞는 우리의 대학교다.

수능을 보고 난 후, 어느 대학교에 다니고 있는지가 그 사람 줄이 몇 번째 줄이었는지를 대변해주는 것이다. 그래서 우리는 "어느 대학교에 다녀요?"라는 질문에 누구나 인정할 법한 대학교에 다니고 있다고 대답한다면 우리는 그 사람을 긍정적으로, 그리고 높게 평가한다. 그 사람을 향해 "공부 참 열심히 했나 보네."라는 한마디를 더하면서 말이다.

반면에 어떤 기준에 못 미치는 대학교에 다니고 있다는 대답을 듣게 되면 한순간 그 사람을 긍정적으로 평가하지 않게 된다. '고등학교 때 놀았나 보네. 얼마나 공부를 안 했으면 저런 대학교에 갔을까?' 하며 속으로 그 사람을 저평가하게 된다.

공부를 잘해야만 인정받는다는 기준은 도대체 누가 만든 것일까? 그리고 아무런 생각 없이 그 기준에 도달하기 위해 노력하는 우리는 과연 인생을 잘살고 있는 것일까? 왜 군이 공부를 잘해야만 인정을 받고 공부를 잘 못하거나, 혹은 어떤 기준에 도달하지 못하는 대학교에 다니고 있다면 왜 우리도 모르게 그 사람을 저평가하고 있는 것일까?

이 기준에 내 학창 시절을 대입해보자면, 나는 그 기준에 한참 못 미치는 인생을 살았다. 일단 나는 인문계 고등학교를 진학하지 않았다. 나는 여상을 진학했다. 여기서부터 누군가는 나를 저평가할 수도 있다. 단지 내가 인문계 고등학교가 아닌 실업계고등학교에 갔다는 이유를 대면서 말이다.

실업계고등학교를 나온 후, 나는 대학교에 진학하지 않았다. 그리고 바로 취업을 해야만 했다. 이 또한 누군가의 기준에는 못마땅한 행동처럼 보일 수 있다. 그 사람들이 생각하는 기준은 고등학교를 졸업하면 반드시 대학교에 가야만 한다고 생각하기 때문이다.

직장 생활을 하게 되면 우리는 또 어떤 기준의 평가를 받게 되는가? 바로 그 직장 생활을 꾸준히 열심히 하느냐로 사람을 평가하게 된다. 이 기준 또한 소리 소문 없이 정해진 기준이다. 그래서 누군가가 정한지도 모른 채, 그 기준에 맞는 삶을 살려고 하고 그렇게 사는 게 당연하다고 생각하면서 직장 생활을 열심히 하게 된다. 하지만 나는 지금까지 내 인생을 살면서 단 한 번도 누군가가 정해놓은 기준에 내 삶을 맞추지 않았다. 나는 온전히 나만의 기준으로 세상을 살아갔다. 나만의 기준으로 당당하게 실업계고등학교를 진학했으며, 나만의 기준으로 대학교가 아닌 직장을 선택했다.

그리고 직장을 다니면서 영어를 배우고 싶다고 생각하게 됐고, 그 생각으로 나는 과감하게 직장을 그만뒀다. 백조의 삶을 선택한 것이다. 사회가 정해놓은 기준으로만 본다면 나는 그 기준에 못 미치는 삶을 살았던 것이다. 그러나 지금 나는 성공한 인생을 살고 있다. 그들이 정해놓은 기준이 아닌, 온전한 나만의 기준으로 내 세상을 살았기에 나는 내 인생에서 성공을 할 수 있었다.

그 덕분에 나는 한 출판사의 대표가 됐다. 그리고 베스트셀러 작가가 됐다. 또한, 누군가에게 꿈을 심어주는 동기 부여가의 삶을 살게 됐다. 〈한국석세스라이프스쿨〉의 대표가 되었으며, 나와 비슷한 꿈을 가진 사람들은 나의 삶을 롤모델로 삼고 있다.

자신이 정한 기준에 맞게 사는 사람의 성공은 다르다

나는 사회가 요구하는 기준에 맞추어 살지 않았다. 나는 나의 기준을 택했다. 그리고 내 기준대로, 내가 하고 싶은 모든 것을 했다. 그랬더니 지금의 내 삶이 어떠한가? 여전히 백조의 삶을 살고 있거나, 평범한 30대 여성의 삶을 살고 있는가? 전혀 아니다. 내 기준으로 내 세상을 살았더니, 나는 내가 원하는 그 모든 것을 다 이뤘다. 그리고 많은 사람에게 당신만의 기준으로 세상을 살라며 동기 부여를 해주고 있다. 내가 그렇게 살았기에, 다른 사람들 또한 자신만의 기준으로 이 세상을 행복하게 살 수 있는 능력을 충분히 갖추고 있다.

나는 여상을 졸업했다. 그리고 나는 고졸 출신이다. 심지어 직장 생활을 포기하고 백조의 삶을 택했다. 하지만 이런 나에게도 꿈이 있었다. 그리고 그 꿈을 바라보는 온전한 나만의 기준이 있었다. 사회가 정한 기준으로만 이런 나를 평가했을 때는 충분히 저평가될 수 있다. 그리고 아무런 스펙이 없는 내가 성공할 수 없을 것이라는 편견을 가진 사람 또한 있을 것이다.

그러나 나는 해냈다. 내 인생에서 성공을 맛봤다. 내가 고졸 출신이라고 해서 지금의 나를 무시하는 사람은 없다. 오히려 고졸 출신임에도 불구하고 성공했다는 점에 더 많은 칭찬과 인정을 받는다. 또한, 직장 생활을 포기하고 백조의 삶을 택했던 내가 지금은 백조에게 꿈을 심어주는 동기 부여가가 됐다.

그리고 이런 나의 과거 이야기를 듣는 사람들은 백조의 길을 택했기 때문에 지금의 내가 있는 것이라며 그런 나를 또다시 인정하고 동경한다. 이 모든 것은 단순히 나만의 기준으로 내 인생을 살아왔기 때문에 가능했던 일이다.

만일 당신의 삶이 당신의 기준이 아닌 사회가 정한 기준에 맞게 살고 있다면, 당신은 딱 그만큼의 성공밖에 누릴 수 없다. 사회가 정한 성공의 기준을 바라보며 인생을 살고 있기 때문이다. 하지만 자신이 정한 기준에 맞게 사는 사람의 성공은 다르다. 내가 정한 기준이 곧 성공의 기준이기 때문에 사회가 정한 기준보다 더 나은 성공을 경험할 수 있다.

그리고 내가 정한 기준의 성공이기 때문에 내 삶의 만족도 또한 더 높아지게 된다. 사회가 정한 기준의 성공은 반드시 나를 향한 누군가의 시선을 의식하게 된다. 그래서 그 기준은 항상 그 중심에 내가 아닌 다른 사람이 들어가게 된다.

그만큼 나의 성공의 위치가 나 자신의 만족이 아닌, 다른 사람들의 만족에 맞게끔 바라보게 되는 것이다. 그러나 나만의 기준이 있는 성공은 다르다. 남들 시선을 의식하지 않고, 온전히 나만의 기준으로 성공을 만드는 것이다. 그래서 그 성공은 사회가 정한 기준에 한참 못 미칠 수 있다. 혹은 사회가 정한 성공보다 더 높은 성공을 바라볼 수도 있다. 무엇이 됐든 좋다. 내가 정한 기준이며 내가 정한 성공의 기준이기 때문이다.

그러므로 내가 정한 기준만큼의 성공에 도달했다면 그것은 성공한 인생이다. 그리고 그 성공은 온전히 나만을 위한 삶을 산다는 증거이다. 사회가 정한 기준이 아닌, 내가 정한 기준, 그리고 내가 정해놓은 성공을 향해 살게 되는 그런 나만의 인생을 살게 되는 것이다.

사회가 정한 기준에 내 기준을 맞출 필요가 없다. 그리고 사회가 요구하는 성공이 내 삶의 성공인 것처럼 살아서는 안 된다. 이 세상은 당신만의 기준으로 살아야 한다. 그리고 오직 당신만이 정한 당신의 성공을 바라보며 살아야 한다. 내가 정한 기준에 맞게 살아야만 당신은 인생에서 성공할 수 있다. 그리고 그런 성공만이 당신 삶의 가치가 있는 성공이다. 우리는 모두 가치 있는 성공을 해야만 한다. 그런 성공은 오직 내가 만든 기준으로 인생을 살아갈 때 마주칠 수 있는 것이다. 그러므로 사회가 정한 기준을 의식하지 말고 과감하게 버려라. 그리고 당신만이 정한 그런 기준을 바라보며 당신의 인생을 살아라.

3
_____

네 인생의 진짜 주인이 되라

'평범'이라는 인생의 길에서는 특별해질 수 없다

많은 사람이 인생이라는 번호표를 들고 줄을 서 있다. 그리고 그 사람 중 한 사람인 나 역시 번호표를 들고 서 있다. 그렇게 내 차례가 된 후, 나 역시 질문을 받는다.

"자, 어서 오세요. 원하는 것을 선택하시면 됩니다. 당신의 인생길에는 2가지가 있습니다. 그중 원하는 것을 고르시면 됩니다."
"그 두 길의 다른 점이 있다면 무엇인가요?"
"다른 점은 1번 길은 임대료를 내야 하고, 2번 길은 임대료를 내지 않으셔도 됩니다."

"1번 길을 선택했을 때는 임대료를 얼마나 내면 됩니까?"

"돈으로 지불하는 것이 아닙니다. 그냥 평범하게 살면 됩니다. 임대료는 남들처럼 그냥 평범하게 살다가 오면 됩니다. '평범'이 바로 임대료입니다."

"네. 그런데 2번 길은 왜 임대료를 내지 않아도 됩니까?"

"보시다시피 길이 매우 험난합니다. 그래서 앞으로 계속 나가고 싶다면 당신 스스로 알아서 길을 만들어야만 합니다. 그래서 임대료를 따로 받지 않습니다. 대신 그 길은 온전히 당신만을 위한 길이 되겠지요."

정말로 우리 인생의 길이 두 갈래로 나뉘어있다면 당신은 저 선택의 순간, 어떤 길을 택할 것인가? '평범'이라는 임대료를 내야 하는 첫 번째 길을 택할 것인가, 아니면 온전히 나만을 위해 살 수 있는 두 번째 길을 택할 것인가?

대부분의 사람은 첫 번째 길을 택할 것이다. 그리고 '평범'이라는 임대료를 내면서 하루하루 최선을 다해서 평범해질 것이다. 인생의 주인을 '평범'이라는 곳에 임대료를 내면서 하루하루 열심히 살다가 가는 것이다.

'평범'이라는 임차인의 삶이 과연 평범할 수 있을까? 평생 '평범'이라는 임대료를 지불해야 하는 사람의 삶이 특별해질 수 있을까? 절대로 그럴 수 없을 것이다. 임차인의 인생으로 살기로 선택했다면 평생을 임차인의 인생으로 살아야 한다. 자기 삶의 임대료를 내야만 하기에 더욱더 열심히 평범해질 것이며, 더욱더 평범해지는 자신의 삶을 바라볼 때마다 임대료를 열심히 내는 자신을 기특하게 바라볼 것이다. 그리고 이렇게 열심히 사는 자신을 잘살고 있다며 칭찬할 것이다. 안타깝기 그지없다. 그래서 우리는 초, 중, 고, 대학교를 졸업한 후 그 평범한 인생을 위해 열심히 노력한다. 열심히 공부하고, 열심히 스펙을 쌓는다. 내가 원하는 직장에서 요구하는 그런 사람이 되기 위해 최선을 다한다. 자신의 모습을 버리고, 그 직장이 요구하는 사람으로 탈바꿈하기 위해 최선을 다하는 것이다.

그런 후, 원하던 직장에 다니다 보면 그 사람은 자기 삶의 주인을 영원히 보내게 된다. 그리고 '평범'이라는 임대인에 직장이라는 곳이 하나 더 추가된다. 그래서 '평범', 직장이라는 임대인을 바라보며 더욱 열심히 살게 된다. 더욱더 성실한 임차인이 되기 위해 최선을 다하는 것이다.

평범한 인생을 살아가다 보면 내 인생의 주인이 될 수 없다

평범한 인생을 살아가다 보면 내 인생의 주인이 될 수 없다. 내 인생의 주인은 임대인인 평범에게 넘어간다. 그래서 남들이 가는 그 길이 정답인 것처럼 따라 하게 된다. 또한, 남들이 시도하지 않는 일에 대해서는 거들떠보지도 않는다. 모든 사람이 하지 않기 때문에 자신도 하지 않는다는 이유에서다.

그래서 20대, 30대, 40대가 되도 인생의 달라짐이 전혀 없다. 만나는 사람들도 매번 똑같은 사람들이다. 그리고 그들과의 대화는 매번 똑같은 대화로 이어진다. 분명 10년 전부터 만난 사람들인데도 모든 일상, 모든 대화가 10년 후 변화된 것이 하나도 없는 것이다.

두 번째 길을 선택한 사람은 다르다. 두 번째 길을 선택한 순간 내 인생의 주인은 내 것이 된다. 그래서 누군가에게 임대료를 지불할 필요가 없다. 물론 나만의 길을 만들어야만 하므로 그 과정은 치열하고 힘들 것이다. 그러나 내가 갈고 닦은 만큼 내 길은 반짝반짝 빛나게 될 것이며, 그 길을 완성하는 순간 온전히 나만의 것이 된다. 그 누구의 눈치를 볼 필요도 없는, 오직 내 삶의 주인이 되는 그런 길이 완성되는 것이다. 그래서 이런 길을 선택한 사람은 온전히 자신 삶의 주인인 인생을 살게 된다. 그만큼 세월이 지날수록 더욱 빛나고 더욱더 알찬 삶을 살게 된다. 그래서 20대의 모습과 30대의 모습은 다르다. 또한, 30대의 모습과 40대의 모습이 다르다.

우리는 인생을 살 때 반드시 빛나야만 한다

그가 만나는 사람 또한 달라진다. 그의 가치가 올라가고, 그가 자신만의 길을 완성할수록 그는 점점 성공을 바라보게 된다. 그래서 그만큼 성공한 사람들과 어울리게 되고 성공에 관해서만 이야기를 하게 된다. 또한, 삶의 주인으로 계속 살아가는 방법에 관해서 이야기를 한다. 그래서 이야기를 하는 주제가 20대의 내용과 30대 때의 내용이 같지 않다. 매번 대화 주제가 달라지며, 이야기 속의 모든 대화 주제가 다 의미 있고 생산적인 내용이다.

그러므로 우리는 새로운 도전이 두렵다는 이유로 첫 번째 길을 택해서는 안 된다. 반드시 두 번째 길을 택해야만 한다. 그렇게 해야만 온전히 내 삶의 주인으로 살 수 있다. 지금 내 삶에 만족을 느끼지 못하고, 이 현실에서 벗어나고 싶다는 것은 긍정적인 신호다. 평범의 임대료를 더는 지불하지 않고 두 번째 길을 갈 수 있다는 의미인 것이다.

그런 신호를 받았다면, 즉시 두 번째 길로 내 길을 돌려야만 한다. 이미 평범이라는 길을 많이 걸어왔다는 이유로 계속해서 그 길을 밟으면 안 된다. 다시 되돌아가는 길이 길지라도 반드시 다시 돌아와서 두 번째 길의 출발선에 당신의 발을 내디뎌야 한다.

지금 당신이 20대이며 지금의 삶이 만족스럽지 않다고 생각해보자. 만족스럽지 않지만, 당신이 계속해서 지금 삶의 패턴을 지속한다면 당신의 30대가 변할 것이라고 생각하는가? 그리고 30대가 되면 자연스럽게 당신이 당신 삶의 주인이 되리라 생각하는가?

결코, 그럴 수 없다. 지금 불만족스럽지 못한 20대의 모습이 30대가 돼도 마찬가지다. 오히려 지금보다 더 많은 불평불만을 쏟으며 살아갈 수 있다. 축복받기 위해 태어난 인생, 우리는 축복을 받으며 살아야 한다. 그리고 내 삶의 주인으로 살아야만 한다. 축복을 위한 삶을 불평불만으로 채운다면, 그것만큼 안타까운 일이 없다.

우리는 인생을 살 때 반드시 빛나야만 한다. 어느 장소, 어느 곳에 가든 항상 내 모습은 빛나야 한다. 빛나는 내 인생을 살고 싶다면 나는 내 삶의 주인이 돼야만 한다. 다른 사람이 선택한 직업이라는 이유로 내 직업을 택해서는 안 된다. 그리고 다른 사람이 했기 때문에 나도 하는 것이라는 이유를 대며 인생을 살아서는 안 된다.

당신은 충분히 빛날 수 있다. 그리고 당신 또한 빛나는 인생을 살아야만 한다. 그렇다면 간단하다. 다른 사람이 선택하지 않았기 때문에, 그리고 내 꿈이 원했기 때문이라는 이유로 내 희망의 직업을 택해야만 한다.

그리고 다른 사람이 하지 않았기 때문에 내가 하는 것이라는 이유를 대며 빛나는 인생을 살아야만 한다.

　평범이라는 임대료를 내면서 평범한 인생을 살 것인가? 아니면 임대료를 내지 않고, 온전히 내 삶의 주인이 될 수 있는 길을 택할 것인가? 나는 당신에게 빛나는 인생을 살라고 조언했다. 그리고 그 빛나는 인생을 살려면 어떤 길을 택해야 하는지도 알려줬다. 만일 이를 무시한 채, 평범이라는 임대료를 지불하고 싶다면 그렇게 해라. 대신 당신 입으로는 당신 인생에 대해 불평불만을 쏟지 말고 묵묵히 최선을 다해서 평범만을 바라봐라. 만일 그 인생이 자신 없다면 당신은 반드시 당신만의 길을 택해야만 하고, 당신 삶의 진짜 주인이 되어야만 한다.

인생의 방식과 기준은 다양하다

예전에 〈MBC 스페셜〉을 보면서 흥미로운 내용을 보게 됐다. 바로 '똑같은 생년월일, 그리고 똑같은 시각에 태어난 사람들은 모두 다 똑같은 인생을 살고 있을까?'하는 주제였다. 그 주제는 매우 흥미로웠다. 나 또한 똑같은 날에 태어난 사람들이 과연 어떤 인생을 살고 있을지 무척 궁금했다.

제작진은 같은 날에 태어난 사람들을 알아내고, 그들이 어떤 삶을 살고 있는지 조사했다. 그리고 그 사람들을 함께 만나게 한 후, 그들의 지금 인생이 어떠한지 서로에게 이야기할 수 있는 자리를 마련해줬다.

한 명씩 돌아가면서 그들이 살아온 인생을 이야기했다. 그들이 살아온 인생은 모두 달랐다. 비록 똑같은 생년월일, 똑같은 시각에 태어났다고 해도 그들의 인생은 모두 달랐던 것이다. 왜 그들의 인생은 모두 다른 인생을 살고 있었을까?

그것은 바로 같은 날에 태어났을지라도 그들이 인생을 바라보는 방식과 기준이 다르기 때문이다. 그 프로그램을 보면서 모든 사람의 인생에 평범한 것은 없다는 것을 알게 됐다. 그리고 내게 주어진 인생, 최선을 다해서 살아야겠다고 생각했다.

모든 사람의 생김새는 다르다. 그리고 모든 사람의 성격, 각자의 취향 또한 다르다. 모든 것이 다른 만큼 그들이 추구하는 인생관도 다르다. 그래서 꼭 누구의 인생이 정답이 될 수는 없다. 그리고 누군가의 삶을 동경하며 내 삶을 비관할 필요도 없다.

그만큼 모든 인생은 다 가치가 있고 의미가 있는 것이다. 건강을 제일이라고 생각하는 사람들의 삶은 건강을 위주로 돌아갈 것이다. 그리고 가족이 제일이라고 여기는 사람들은 그들의 인생이 가족을 중심으로 돌아갈 것이다. 그래서 그들의 성공 목표 또한 다르다.

건강을 챙기는 사람들은 건강한 인생, 건강한 몸을 유지하는 것을 성공한 인생이라고 생각한다. 가족을 중요하게 생각하는 사람은 화목한 가정, 가족 간의 끈끈한 정을 이뤄가는 인생을 성공한 인생이라고 생각할 것이다. 이렇듯 우리가 무엇을 추구하고 무엇에 더 가치를 두느냐에 따라 우리 인생의 방식과 기준은 달라진다. 그래서 어디에서도 평범한 삶은 존재하지 않는다. 모든 삶이 다 특별한 삶인 것이다.

만일 지금 자신의 삶이 만족스럽지 않다면, 인생의 방식이 다양하다는 것을 깨닫지 못해서 그런 것이다. 그리고 자기 삶의 기준이 정해지지 않아서 그렇게 느끼는 것이다. 인생의 방식이 다양하다는 것을 알게 되면, 자신이 무엇을 가장 중요하게 생각하는지 깨닫게 된다. 그리고 그것을 중심으로 자신의 삶을 바라보게 된다. 그것을 일찍 깨달은 사람은 그만큼 더 가치 있는 인생을 살 것이다. 하지만 그것을 늦게 깨달은 사람은 그만큼 자신의 인생에 대한 방황을 거친 후, 나중에서야 인생에는 다양한 방식이 존재한다는 것을 깨닫게 될 것이다.

인생의 방식과 기준이 다양하다는 것을 깨달았다면, 우리는 우리의 인생을 어떻게 살아야만 할까? 먼저 내가 가치 있다고 생각하는 일에 매 순간 온 힘을 기울여야 한다. 대충하려고 하지 말고, 모든 열정을 다 쏟아서 그 일을 해야 한다. 왜냐하면, 내가 선택한 그 일이 내 인생을 특별하게 해줄 것이기 때문이다.

예를 들어, 건강을 추구하는 사람은 자신의 건강을 잘 돌보는 데 최선을 다하면 된다. 열심히 운동하기, 건강한 식단 유지하기, 건강과 관련된 지식 익히기 등 무엇이든 건강과 관련된 것에 최선을 다하면 된다. 건강과 관련된 것들에 대해 많이 알아가며 직접 실천을 할수록 그의 삶은 빛날 것이다. 그리고 그가 가치 있다고 생각하는 건강에 매 순간 최선을 다하게 되니 자신의 삶에 불만족을 느끼지 못하게 된다. 건강해지는 자신의 모습을 보면서 흐뭇함을 느낄 것이다. 건강과 관련된 질문을 지인들에게 받았을 때 그 질문에 대해 명확하게 대답하는 자신을 보며 자긍심 또한 생길 것이다.

이런 일이 반복되다 보면 더는 자신의 삶이 평범하다고 느끼거나, 남들보다 뒤처진다고 생각하지 않을 것이다. 가치 있는 일에 투자하고, 가치 있는 일을 바라보며 자신의 인생을 살게 되니 자신의 삶 또한 특별해 보이기 때문이다.

모든 인생은 가치를 평가할 수 없는 그들만의 인생이 있다

이렇게 자신이 가치 있다고 생각하는 일에 최선을 다하게 되면 자신의 꿈이 점점 보이기 시작한다. 그리고 그 꿈을 이루고 싶다는 생각이 든다. 이런 생각이 들었을 때 우리는 과감하게 행동으로 옮겨야만 한다.

생각으로 그쳐서는 안 된다. 가치 있는 일에 최선을 다하고 그 덕분에 내 꿈이 보였다면, 이제는 그 꿈을 위해 노력해야 한다. 건강을 최고로 여겼던 사람이 트레이너와 관련된 꿈을 갖게 됐다면 이제는 그 꿈을 이루기 위해 최선을 다해야 한다.

직접 행동으로 실천해서 자신의 꿈을 이뤄냈다면 이제는 자신의 삶이 더욱 특별해 보일 것이다. 그리고 다른 사람의 인생과 자신의 인생을 더는 비교하지 않을 것이다. 가치 있는 일에 최선을 다했고, 그 덕분에 자신의 꿈을 이뤘으니 더는 남들의 인생이 나의 눈에 들어오지 않는 것이다.

우리는 모두 다 개성을 가지고 태어났다. 쌍둥이들 또한 생김새가 비슷하다고 해도 그들의 성격 또한 다르다. 그리고 그들이 인생을 살아가는 방식 또한 다르다. 한 배에서 한 날 같이 태어난 쌍둥이들조차 다양한 인생을 사는데, 남의 인생이 나의 인생과 같을 수 있겠는가? 결코, 그럴 수 없다.

그러므로 자신의 인생을 부정적으로 바라보고 있다면 당장 그 생각을 버려야 한다. 그리고 세상에는 다양한 사람들이 있듯이, 우리가 살아가는 인생 또한 다양하다는 깨달음을 얻어야만 한다. 그 깨달음이 피부에

와 닿지 않는다면 당신의 인생에서 가장 가치 있는 것이 무엇인지 먼저 깨달아라. 그리고 그 가치 있는 것을 꾸준히 실천해라. 꾸준히 실천하다 보면 결국 당신 또한 사람마다 추구하는 가치관이 다르다는 것을 알게 될 것이다. 그것을 깨닫게 되는 순간, 더는 당신 스스로가 당신의 인생을 부정적으로 바라보지 않을 것이다.

당신의 인생 또한 의미 있는 인생이라는 생각으로 바뀔 것이고, 당신이 추구하는 그 가치를 위한 삶을 살아가는 태도로 바뀔 것이다. 그렇게 바뀐다면 이 세상의 모든 것이 당신이 추구하는 그 가치를 중심으로 돌아가게 된다.

예전에는 보이지 않았던 것들이 당신이 발견한 그 가치 덕분에 당신의 눈에 보이기 시작한 것이다. 그런 경지에 다다른 순간 당신은 더는 인생에 상, 중, 하의 단계가 있다고 생각하지 않을 것이다. 모든 인생은 가치를 평가할 수 없는 그들만의 인생이 있고 또 그만큼 우리가 인생을 살아가는 방식이 다양하다는 것을 알게 될 것이다.

똑같은 생년월일, 똑같은 시각에 태어난 사람들조차 서로 다른 인생을 살았다. 그것은 그들이 추구하는 가치가 다르기 때문이다. 그래서 그 가치를 향해 열심히 살아왔고, 그 덕분에 그들의 인생은 그렇게 다양해질 수 있었던 것이다. 당신 또한 평범한 인생이 아니다. 당신의 인생이 평범하다고 느껴진다면 그것은 당신이 추구하는 당신 삶의 가치를 아직 깨닫지 못해서다. 그러므로 당신의 인생에서 무엇이 제일 가치 있는지 그것을 먼저 찾아라. 그리고 그 가치를 향해 최선을 다하다 보면 어느 순간, 당신 또한 당신 삶 자체로 큰 의미가 있다는 것을 알게 될 것이다.

내 삶의 기준, 내가 정한다

사소한 것에서부터 나의 기준이 담겨 있다

매일 이어지는 우리의 행동 속에는 우리의 생각이 담겨 있다. 그리고 그 생각 안에는 나의 기준이 숨겨져 있다. 그래서 나의 기준이 내게 생각을 일으키고, 그 생각이 나로 하여금 행동하게 만드는 것이다. 이렇듯 사소한 모든 것에는 나의 기준이 들어가며 그것들이 쌓이고 쌓여서 내 인생이 만들어진다. 그래서 내 삶의 기준은 나만이 정할 수 있지 그 누구도 나의 기준을 정해줄 수 없다.

동시에 배고픔을 느끼는 두 사람이 있지만 배고픔을 본능적으로 느꼈다고 해서 둘 다 같은 음식을 먹는 것은 아니다. 그런 본능에 대처하는 자세 또한 나의 기준이 들어간다. 그래서 배고픔을 느끼게 되면 제일 먼저 자신의 기준에 따라, 자신이 선호하는 음식을 떠올리게 되고 그 음식을 먹는 행동으로 이어지는 것이다.

굳이 내가 배가 고프다는 것을 누군가에게 "저, 지금 배가 고파요. 무엇을 먹어야 배고픔을 달랠 수 있을까요?" 이렇게 물어보지 않는다. 배고픔을 느낀 순간 내 기준이 음식이라는 생각을 하게 만들고, 그 생각이 내 기준에 맞는 음식을 먹게 하는 것이다.

이렇듯 사소한 것에서부터 나의 기준이 담겨 있다. 하물며 나의 인생은 어떠하겠는가? 나의 인생 또한 나만이 만들어놓은 기준이 있을 것이며, 그 기준에 맞게 나는 내 삶을 사는 것이다. 엄마의 몸을 빌려 태어났다는 이유로 내 삶의 기준을 부모님께 만들어달라고 할 수 없다.

비록 엄마의 몸을 빌려 태어났다고 해도, 태어난 순간부터 내 삶의 기준은 나를 중심으로 돌아가게 되는 것이다. 그래서 우리는 자기 삶에 책임을 질 줄 알아야 하고, 책임을 질 줄 아는 사람으로 성장하려면 그만큼 나만이 가지고 있는 삶의 기준이 있어야만 한다.

성인이 된 이후, 우리는 부모님의 품을 벗어나야만 한다. 그리고 내 머릿속으로 생각했던 내 삶의 기준대로, 자기 스스로 그렇게 자신의 인생을 살아야만 한다. 하지만 요즘 들어 '캥거루족'이라는 신조어가 생기면서 성인이 된 이후에도 부모의 품을 벗어나지 못하는 성인들이 대부분이다.

요즘 20대의 대부분이 다 캥거루족이다. 그래서 성인이 됐음에도 불구하고 아직도 스스로 무엇인가에 도전하려고 하지 않는다. 그리고 무엇을 도전하기 전, 반드시 부모에게 물어보는 이상한 습관을 갖는다.

그래서 대학교에 다니는 성인임에도, 계속해서 아이 같은 행동을 하게 된다. 몸은 성인일지라도 마치 이제 막 옹알이를 끝낸 후의 정신적 나이 수준인 것이다. 즉, 부모가 아이에게 사회의 규범을 처음으로 가르치는 그런 유아기 시절에 그대로 머물러 있는 것이다.

대학교 성적표가 좋지 않게 나오면, 그 이유를 직접 교수에게 묻지 않는다. 그것 또한 부모가 교수에게 전화해서 성적표가 좋지 않은 이유에 관해 묻는다. 혹은 취업을 한 자식이라면, 몸이 좋지 않아서 조퇴하고 싶은 마음을 부모에게 말한다. 그럼 부모는 고민하지 않고 그 회사의 대표에게 전화해서 자신의 자식을 조퇴시켜달라고 말한다. 어이없는 상황이고, 어처구니가 없다.

당신의 인생은 오직 당신의 것이지 그 누가 대신해서 기준을 정할 수 없다

이런 식으로 자꾸 부모에게 의지하거나, 부모에게 물어본다는 것은 자신만의 기준이 없다는 말이다. 그리고 부모의 기준이 곧 자신의 기준인 것처럼 살게 된다. 이런 좋지 않은 습관을 지닌 사람들은 20대가 지난 후, 취직하고 결혼을 했다고 해도 여전히 그들만의 기준으로 인생을 살지 못하게 된다.

부모님이 이 세상과 이별하기 전까지, 계속해서 부모의 기준을 통해 이 세상을 바라보며, 그 기준만이 정답이라고 생각하면서 자신의 인생을 살아갈 것이다. 그런 기준인 부모님이 이 세상에서 사라진다면 아마 그날은 하늘이 무너지는 날일 것이다. 자신의 인생 기준이 한순간 없어지기 때문이다.

만일 20대인 당신의 모습 또한 위에서 언급한 캥거루족과 비슷하다면 당신은 반성해야 한다. 그리고 당장 오늘부터라도 당신만의 기준을 정해야 한다. 당신의 인생은 오직 당신의 것이지 그 누가 대신해서 기준을 정할 수 없기 때문이다.

그리고 설령 누군가가 당신에게 그 기준을 제시했다고 해도, 그것은 그 사람만의 기준일 뿐이지 그 기준이 당신의 인생에 도움이 된다는 보장은 없다. 그 누군가가 부모라고 해도 마찬가지다. 부모님의 인생 기준으로 부모님이 성공했다고 해도, 그 기준이 꼭 자식인 나에게 맞는다는 보장이 없다는 것이다.

당신이 이루고자 하는 꿈을 떠올리며 당신 인생의 기준을 정해라

그러므로 당신은 당신 인생의 기준을 정해야만 한다. 누군가에게 대신 기준을 정해달라고 해서는 안 된다. 기준을 정하는 법을 모르겠다면, 방법은 간단하다. 먼저 당신이 이루고자 하는 꿈을 떠올리면 된다. 이때의 꿈은 단지 막연한 꿈이어서는 안 된다. 확고하면서도 구체적인 꿈이어야만 한다.

"부자가 되고 싶어요."와 같은 막연한 꿈이 아닌, "매달 500만 원을 버는 직장인이 될 거예요."처럼 구체적이고 확고한 꿈을 제시해야만 한다. 꿈이 먼저 정해지지 않는다면 내 삶의 기준을 정하는 게 힘들다. 또한, 그 꿈이 막연하다면, 막연한 만큼 그 꿈은 시간이 갈수록 점점 이루기 힘들다는 생각을 하게 된다.

부자가 되고 싶다는 막연한 꿈은 그것을 이룰 방법이 떠오르지 않는다. 그저 막연한 꿈일 뿐이다. 그 누구나 쉽게 꿈꿀 수 있는 막연한 꿈이기 때문에 나 또한 생각만 하게 되고, 그것을 왜 이루어야만 하는지 그런 구체적인 목표가 생기지 않게 된다. 하지만 구체적인 꿈은 다르다. 매달 500만 원을 만들겠다는 구체적인 꿈은 나로 하여금 그 꿈에 대해 더 진지하게 생각하게끔 만든다. 그리고 어떤 과정을 거쳐서 매달 500만 원이라는 수입을 벌어들일 것인지에 관한 생각으로까지 이어진다.

그 과정 안에서 나의 기준이 내포되는 것이다. 목표는 월 500만 원이지만, 내가 나의 삶을 바라보는 기준에 따라 그 꿈을 이뤄가는 과정이 다른 누군가의 기준과는 다른 것이다. 그래서 누군가는 월 500만 원을 받을 수 있는 직장에 들어가는 것을 하나의 과정으로 만들 수 있다. 그 사람에게 있어서 삶의 기준은 안정된 곳에 소속되는 것을 더 선호하는 것이다.

혹은 누군가는 창업을 통해 월 500만 원의 수익을 벌어들이는 것으로 과정을 만들 수 있다. 이런 경우는 도전, 여유로움 등에 더 많은 기준을 두는 것이다. 즉, 어떤 방법으로 내가 원하는 꿈을 이루고자 하는지, 그 과정이 바로 내 삶의 기준이 되는 것이다.

어떤 누군가는 나의 그런 과정을 보며 비웃을 수도 있다. 그리고 허무

맹랑한 과정이라고 하면서 무시할 수도 있다. 하지만 다른 사람들의 그런 시선과 말들을 우리는 신경 쓸 필요가 전혀 없다. 그런 시선과 말들은 그저 과감히 무시하면 그만이다. 그들의 비웃음은 단지 그들 인생의 기준으로 내 삶을 바라봤기 때문에 내뱉은 감정의 표현일 뿐이다. 즉, 그들의 기준과 나의 기준은 다르므로 누군가의 말과 행동에 일희일비할 필요가 전혀 없다.

오늘 종일 무엇을 먹고 무엇을 했는지 한번 떠올려보라. 그리고 다른 누군가가 오늘 종일 나와 똑같은 것을 먹고, 나와 똑같은 행동을 했을지 상상해보라. 아마 답은 바로 나올 것이다. 그 누구도 오늘 내 일과와 완전히 똑같은 하루를 보낸 사람은 없으리라는 것을 말이다. 그 이유는 단순하다. 내 삶의 기준과 다른 사람들의 인생 기준이 다르기 때문이다. 그러므로 내 삶의 기준을 남에게 양보하거나, 남에게 대신 만들어달라고 해서는 안 된다. 내 확고한 꿈을 바라보며, 그것을 통해 당신 삶의 기준을 만들어라. 그리고 오직 당신만의 기준으로 이 세상을 당당하게 살아가라.

6

하나뿐인 인생, 후회 없이 살아라

한 번밖에 없는 인생 어떻게 하면 후회 없이 사는 것일까?

자신의 인생에서 성공을 손에 거머쥔 사람들의 얼굴은 항상 빛이 난다. 그리고 그들은 당당하게 세상을 살아가고, 많은 이들의 롤 모델이 된다. 이렇게 자신의 인생에서 성공한 사람들에게 성공 비결을 묻는다면 이렇게 대답한다.

"한 번밖에 없는 인생, 후회 없이 최선을 다해서 살았습니다. 그리고 지금도 인생에서 후회를 남기지 않으려고 살고 있습니다."

그래서 그들은 꿈을 이루고자 하는 사람들에게 항상 꿈을 이루되, 후회 없는 삶을 살라고 충고한다. 한 번밖에 없는 인생 어떻게 하면 후회 없이 사는 것일까? 나의 20대는 항상 성공에 대해 생각했고, 나 역시 한 번뿐인 인생을 어떻게 하면 후회 없이 살 수 있는지 그것에 대해 깊이 고민했다.

나는 또래 친구들과는 다르게 일찍 직장 생활을 했기에 그만큼 철이 많이 들었었다. 그리고 내가 직장 생활을 하고, 월급을 벌어야 우리 가정에 많은 도움이 된다고 여겼다. 그렇게 나는 우리 집의 가장이었다. 내 삶의 중심은 항상 엄마와 남동생이었다.

이런 삶을 살다 보니 문득 어느 날 갑자기 나라는 사람이 빈껍데기에 불과하다는 생각이 들게 됐다. 열심히 살고, 열심히 최선을 다해서 살고 있는데 이 모습은 내 모습이 아닌 그냥 돈을 벌고 있는 빈껍데기였다. 갑자기 내가 측은하게 느껴지고, 왜 나는 이렇게 살아야만 하나 하는 생각이 들었다.

우울했다. 그렇게 좋던 월급도 이제는 싫었다. 그 돈은 나를 위한 돈이 아니었다. 내가 대학교에 다니지 않았던 것도, 일찍 취직했던 것도 모두 나를 위한 삶이 아니었다. 그런 생각이 드니 후회가 밀려왔다. 독하게, 나를 위한 인생을 살 것을 왜 나는 이런 인생을 선택했을까 하는 후회가 들었다. 이런 후회의 생각이 밀려올 당시 내 나이는 20대 중반이었다.

그리고 그만큼 나의 직장 생활 경력도 쌓여 있었다. 하지만 그 경력도 이제는 아무런 의미가 없었다. 경력이 쌓일수록 행복하고, 더욱 열심히 일했는데, 그러나 지금은 아니었다. 경력이 쌓인 만큼 내 인생은 없었다.

깊이 고민한 결과, 이제는 나를 위한 인생을 살고 싶었다. '나를 위한 인생은 무엇일까? 무엇을 해야 후회 없는 인생을 사는 것일까?' 고민했다. 그 고민과 동시에 바로 직장을 그만둬야겠다는 생각이 들었다.

직장을 계속 다닌다면 나는 계속해서 내 삶에 후회라는 것을 많이 만드는 것이었다. 나는 내 인생의 후회를 이제 그만두고 싶었다. 그 후회라는 자리에 행복과 성공, 즐거움으로만 가득 채우고 싶었다.

엄마는 그런 나를 응원하고 지지해줬다. 그리고 직장을 그만두고 싶어하는 내게 이렇게 말했다.

"동희야, 이제는 너가 하고 싶은 거 하면서 살아. 여태껏 그렇게 못 해봤잖니."

일찍, 나를 위한 인생을 선택하고 그 인생을 살아라

나는 엄마의 그 말이 고마웠고, 내 인생을 지지해주는 엄마를 보며 눈물이 핑 돌았다. 그 길로 나는 과감하게 직장을 그만뒀고 얼마 되지 않은 돈을 들고 외국으로 향했다. 그리고 낯선 타지에서 정말로 나만을 위한 인생을 살았다. 누구 하나 의지할 곳 없는 타지에서 철저히 나는 '나'라는 사람만 바라봤다.

드디어 권동희, 권마담 인생에 가족이 아닌 진정한 내가 들어간 것이다. 영어를 전혀 못 하는 내가 처음 외국에 나갔을 때는 무척 외롭고 힘들었다. 그리고 영어로 대화를 할 수 없으니 두려웠다.

하지만 이런 마음이 커질수록, 나는 오로지 나에게만 집중할 수 있었다. 그런 상황에서 불안한 마음이 들수록 나는 나에게 더 집중할 수 있었다. 그리고 내게 집중하는 만큼 내 속에 있던 진짜 동희가 이렇게 말했다. '동희야, 두려워하지 마. 그리고 네가 원하는 그 모든 것을 다 해봐. 넌 할 수 있어.'라고 말이다. 내 마음의 소리가 들릴수록 나는 조금씩 자신감을 찾기 시작했다.

그래서 영어를 못한다는 두려움을 떨칠 수 있었다. 비록 낯선 사람들과의 대화가 잘되지 않았어도 나는 매일 웃음을 잃지 않았다. 그 덕분에 낯선 곳에서 나는 진정한 내 모습을 찾았고, 내가 정말로 원하는 삶이 무엇인지 알게 됐다. 나는 20대 중반에 일찍 나를 위한 삶을 선택했다. 그래서 그 덕분에 남들보다 더 빨리 내가 원하는 길을 알 수 있었다.

요즘 청춘들은 30대가 다 돼도 자신이 원하는 삶이 무엇인지 모르는 사람들이 꽤 많이 있다. 남들처럼 똑같이 학교생활을 하고, 대학교를 졸업하고 난 후 취직만을 바라보며 살기 때문에, 진짜 자신의 삶이 무엇인지 알지 못하는 것이다.

그런 인생은 예전의 나처럼 후회로 가득 차게 되는 인생이 된다. 그래서 취업을 했어도 잘 적응하지 못하고 직장 생활을 하는 자신을 바라보며 '너는 왜 이런 인생을 살고 있냐?' 하며 매일 후회의 말을 내뱉는 것이다.

후회하며 인생을 살기에는 우리의 인생이 그렇게 길지 않다. 20대 시절이 자동차의 속도로 지나간다면 30대는 기차 속도로 지나간다. 40대는 말할 것도 없고, 50대가 된다면 거의 빛의 속도로 시간이 지나가게 된다. 그래서 나이를 먹을수록 1년이라는 시간이 짧게 느껴지고 하루라는 시간은 더욱더 짧게 느껴진다. 마치 하루살이가 하루를 정말로 알차게 살아야 하는 것처럼, 우리의 인생도 그렇게 살아야만 할 것 같은 생각이 든다. 그리고 우리 또한 그렇게 살아야만 한다.

그래야만 후회 없는 나만의 인생을 만들 수 있기 때문이다. 나는 진짜 내 인생을 찾고 난 후, 시간이 날 때마다 스타벅스에 간다. 그리고 그곳에서 원고를 쓰며, 그곳에서 더 나은 내 꿈을 위해 내 내면의 소리에 귀 기울인다.

지금의 나는 당당하게 말할 수 있다. 나는 지금 내 인생이 정말로 행복하고 아무런 후회도 없다고 말이다. 나는 하루하루가 정말 소중하다. 그리고 내게 주어진 하루가 너무 감사하고 즐겁다. 누군가에게 꿈을 심어주는 내 직업이 정말로 좋고, 나를 롤 모델로 삼고 있는 그들을 보며 더 나은 미래를 꿈꾸게 된다.

언젠가 나는 강남에 내 이름으로 된 빌딩을 사서 1층에는 꼭 스타벅스 커피샵을 둘 것이다. 그곳 주인은 나며, 나는 그곳에서 자신의 인생을 찾지 못하고 후회 있는 인생을 자꾸만 살려고 하는 사람들에게 꿈을 심어줄 것이다.

우리의 인생은 여러 개가 아니다. 태어난 순간 죽음을 향해 가는 과정은 단 한 순간이다. 그 과정을 여러 번 반복하지 않는다. 그래서 내 인생을 오직 나를 위해, 후회 없는 인생을 만들어야 한다. 후회 없는 인생을 만들려면 내 꿈을 알아야만 한다.

그리고 그 꿈과 함께 하루하루 최선을 다해서 살아야만 한다. 원하는 꿈과 함께 최선을 다하는 인생을 만든다면 당신의 삶은 후회가 아닌 행복과 즐거움이 밀려온다. 우리는 그런 인생을 살아야만 한다.

7

내가 원하는 세상과 만나라

우리가 이 세상에 태어난 이유는 내가 원하는 세상을 만들기 위해서다.

"훈련하다 보면 늘 한계가 옵니다. 근육이 터져버릴 것 같고, 숨이 턱까지 차오르는 순간, 주저앉아 버리고 싶다는 생각이 드는 그 1분을 참아내는 겁니다. 그 순간만을 버틴다면, 다음 문이 열립니다. 그래야만 내가 원하는 세상으로 갈 수 있습니다."

피겨스케이터 김연아의 말이다. 그녀는 그녀가 원하는 세상을 만나기 위해 일찍 피겨스케이트를 택했다. 그리고 그녀는 그 스케이트를 통해 피나는 노력을 했고, 그 덕분에 그토록 원하던 세상을 만날 수 있었다.

그녀의 이런 지독한 노력 덕분에 우리가 '피겨스케이트'를 생각하면 가장 먼저 떠오르는 사람이 바로 김연아다.

우리가 이 세상에 태어난 이유는 내가 원하는 세상을 만들기 위해서다. 그것을 위해 필요한 모든 것을 준비하는 것 또한 내가 준비해야 한다. 다른 사람이 대신해줄 수는 없다. 그래서 김연아 선수처럼 치열한 노력을 해야만 우리도 내가 원하는 세상과 만나게 된다.

근육이 터져버릴 것만 같은 순간에 주저앉게 되면, 내 앞에 열렸던 나만의 문이 다시 닫히게 된다. 그런 순간이 반복되면 내가 원하는 세상과 만날 수 없다. 주저앉을수록 내가 원하는 것을 얻지 못하게 되고, 포기가 쌓일수록 내 인생이 풀리지 않을 것만 같은 기분이 든다. 분명 나를 위한 문이 열렸고 내게 어서 오라고 손짓을 했지만, 그 순간을 버티지 못해 내가 진정으로 원하는 세상을 마주하지 못하게 되는 것이다. 그만큼 내가 원하는 세상을 만들기 위해서는 당신 또한 피나는 노력을 해야만 한다. 내가 원하는 세상은 쉽게 얻을 수 있는 것이 결코 아니다.

내가 원하는 세상을 빨리 깨닫기 위해서는 당신의 꿈에 도전해라. 누구나 가는 길을 택하지 말고, 오직 당신이 원하는 그런 꿈을 꿔라. 만일 당신 또한 누구나 다 선택한다는 공무원의 길을 택했다면 그것이 정말로 당신이 원하는 인생인지 생각해봐라. 단지 안정적인 이유로 그 직업의 길을 택한 것인지 따져봐야 한다. 혹은 진심으로 대한민국을 위해 봉사하겠다는 마음으로 그 직업을 선택했는지 진지하게 물어봐야 한다.

그것도 아니면 단지 '내가 잘하는 것이 무엇인지 몰라서.'라는 이유로 그 길을 택했는지 알아야 한다. 아마 이 질문에 쉽게 대답하지 못할 것이다. 그리고 대부분은 첫 번째 대답, 혹은 세 번째 대답을 할 것이다.

그렇다면 그런 선택을 한 내 인생에 최선이 있을까? 김연아 선수처럼 근육이 찢어질 것만 같은 순간과 주저앉고 싶을 정도의 경험을 할 수 있을까? 아마 평생 그런 경험을 하지 못할 것이다. 그런 경험을 하지 못한다는 것은 내 인생을 위한 문과 평생 만나지 못한다는 말과도 같다.

나만의 문을 열 때 성장하며, 내 인생에서 더 많은 행복을 느끼게 된다

내게 주어진 수많은 문이 있는데 그 문을 단 한 개도 열어보지 못하는 인생을 살게 되는 것이다. 우리가 조금씩 성장하고 행복해질 수 있는 이유는 그 문을 한 개씩 열 때만 가능하다. 치열한 노력을 하면서 한 단계, 한 단계 그렇게 내게 주어진 문을 여는 순간 나는 성장한다. 첫 번째 문을 열었을 때의 나와 두 번째 문을 열었을 때의 내 모습은 다르다.

더욱 많이 성장하고, 내 인생에서 더 많은 행복을 느끼게 된다. 이렇게 시간이 지날수록 문을 하나씩 열 수 있고, 문을 하나씩 열 때마다 오직 내가 원하는 세상을 만나게 되는 것이다. 그런 삶이 진정한 인생이고 우리는 그런 인생을 살아야만 하는 것이다. 한 번밖에 없는 인생 후회 없이 그렇게 살아야만 하는 것이다.

내가 원하는 세상을 만나려면 사회가 정한 기준에 나를 맞추면 안 된다. 사회가 정한 기준은 내가 정한 기준이 아니기 때문이다. 그 기준에 나를 맞추게 되면 그 또한 최선을 다하는 인생을 만들지 못하게 된다. 남들이 하는 만큼만 하고, 남들이 세상을 바라보는 만큼 나도 세상을 바라보게 된다.

당신만의 문을 두드리고 당신만의 문을 열어라

내 삶에 기준이 있어야만 내가 원하는 세상과 만날 수 있다. 그리고 내가 꿈꾸는 모든 것들을 다 해낼 수 있다. 그 기준을 반드시 먼저 알아야만 한다. 빠르면 빠를수록 좋다. 내가 인생을 살면서 죽기 전까지 정말로 하고 싶은 일이 무엇인지, 그리고 그것을 위해 어떤 과정을 거쳐야만 하는지 반드시 알아내야 한다. 그것을 이뤄나가는 과정이 바로 내 삶의 기준이 되는 것이고, 나는 그 기준만을 바라보며 열심히 최선을 다해서 살면 되는 것이다. 그럼 나에게도 나만을 위한 인생의 문이 열린다. 당신이 그것을 이루기 위해 노력하는 과정 중에, 포기하고 싶은 그 찰나에 인생의 문이 보이는 것이다.

그러므로 당신 인생의 목표가 정해지고 그것을 이루기 위한 과정을 알았다면 치열하게 노력해라. 그리고 절대로 포기하지 말라. 숨이 턱밑에 차오르는 순간이 바로 당신을 위한 인생 문이 보인다는 것을 기억해야 한다.

그 문을 빨리 열수록 당신 인생의 주인이 된다. 그리고 온전히 당신만을 위한 인생을 살게 된다. 그 첫 번째 문을 여는 것이 우리 인생에서 가장 어렵다. 그렇지만 그 첫 번째 문을 열어야만 우리는 온전히 내 인생을 즐길 수 있다. 그리고 내 인생을 내가 만들 수 있고, 이 세상 또한 내가 원하는 방향으로 흘러가게 된다.

그 문을 열기 위해 때로는 당신은 독해져야 한다. 남들의 시선을 무시하고, 오직 당신만을 생각하고 당신을 위한 인생을 살아야만 한다. 당신이 독해지고 이기적으로 변할수록 당신 삶의 목표가 더 빨리 보인다. 그리고 그 목표를 이루기 위해 남들보다 더 빨리 준비할 수 있다. 그리고 더 큰 노력을 들일 수 있다.

20대에 자신만의 인생 문을 연 사람과 30대가 돼서야 그 문을 연 사람의 인생 속도는 매우 다르다. 그래서 그만큼 그 문을 빨리 열어야만 한다. 절박하게 당신이 원하는 목표를 바라보며, 그 목표를 향해 계속해서 실천해야 한다.

오직 당신만의 세상을 만들고 싶다는 절박함이 생긴다면 당신은 무엇이든 해낼 수 있다. 그리고 그만큼 당신의 꿈에 빨리 도달할 수 있다. 절박한 마음 또한 쉽게 생기는 것이 결코 아니다. 스스로 무엇을 원하는지 깊이 연구하고, 나라는 사람이 어떤 사람인지를 파악해야만 그 절박한 마음이 생기는 것이다.

그 절박한 마음과 함께 실천이 더해지면 당신은 오직 당신만의 인생을 살 수 있다. 당신이 원하는 그런 세상을 만들 수 있다. 당신은 그런 인생을 살아야만 하고, 당신은 그런 인생을 누리기 위해 이 세상에 태어났다.

이제는 더는 남을 위한 인생을 살지 마라. 그리고 당신 인생의 사소한 선택도 오직 당신만을 위해서 선택해라. 고민의 중심에 다른 사람을 놓지 말고 항상 당신만을 놓아야 한다. 당신이 더 끌리고, 당신이 더 원하는 것만을 선택하면 된다. 그렇게 해야 후회가 생기지 않는다. 그리고 그렇게 해야만 한다. 당신이 당신을 더 중요하게 생각하고, 당신만을 위한 길을 만들어야만 인생을 즐겁고 행복하게 살 수 있는 것이다. 다른 누군가를 내 인생의 중심에 두기에는 내 삶이 그렇게 길지 않다.

내 인생의 문은 누구에게나 열려 있다. 그것을 파악한 사람은 자신만의 인생을 만들게 될 것이며, 그것을 파악하지 못하는 사람은 한평생 다른 사람을 위한 인생을 살 것이다. 자신만의 인생을 만드는 사람은 후회 없는 인생을 살게 된다. 하지만 그런 문을 열지 못한 사람은 인생의 재미를 느끼지 못하게 된다. 우리가 이 세상에 태어난 이유는 누구나 가는 그런 문을 열기 위해 태어난 것이 아니다. 누구나 가는 길은 결코 정답이 아니다. 이제는 당신만의 문을 두드리고 당신만의 문을 열어라. 그리고 당신이 원하는 그런 세상과 만나라. 당신은 그런 인생을 살아야만 한다.

5 벤자민 프랭클린

벤자민 프랭클린은 정말로 가난한 집안에서 태어났다. 소위 말하는 '흙 수저'보다 더 못한 집안에서 태어난 것이다. 그래서 그에게 정규 교육은 사치이자 낭비였다. 정규 교육을 포기했던 그는 12세에 인쇄소의 견습 공으로 가게 됐다. 비록 현실은 가난한 집안, 인쇄소의 견습공이었지만 그에게는 원대한 꿈이 있었다. 꼭 성공하리라는 강한 의지가 그의 마음에 가득했다.

5년 후, 그는 돈 한 푼 없이 오로지 성공하겠다는 의지만을 가진 채 무작정 미국으로 가게 됐다. 아는 사람이 한 명도 없는 그곳에서 그렇게 그는 성공을 바라보며 치열한 하루하루를 살았다. 그의 이런 행동과 노력은 그에게 새로운 자아 정체성을 깨닫게 해주었다. 자신의 새로운 모습을 발견하게 됐고, 그 새로운 모습을 발판삼아 그는 더욱 큰 성공을 바라보게 됐다.

새로운 자아를 깨닫게 된 그는 24살에 성공적인 인쇄소를 소유하게 됐다. 그 인쇄소는 잡지를 발행할 수 있을 정도로 어마어마했다. 24살이라는 나이에 이미 많은 부를 축적하게 된 것이다. 흙수저보다 더 못한 집안에서 태어났던 그가, 무일푼으로 떠난 곳에서 그렇게 성공을 맛본 것이다. 성공을 바라본 그의 과감한 실천과 도전 덕분에 그는 42세에 은퇴하여 경제적인 여유를 누릴 수 있게 됐다.

벤자민 프랭클린은 찢어지게 가난한 집안에 태어났다. 그래서 그가 성공하려면 오직 자신만을 믿고, 자신의 힘을 의지해야만 했다. 무일푼으로 의지할 곳은 스스로였다. 그는 자신을 믿고, 자신을 지지한 만큼 결국 성공했다. 그것도 24살이라는 나이에 말이다.

당신은 분명 벤자민 프랭클린보다 물질적으로 더 부유할 것이다. 그 말은 당신의 의지력과 당신 자신을 믿는다면 당신 또한 분명히 크게 성공할 수 있다는 의미다. 환경은 내 성공을 방해하는 요인이 절대 될 수 없다. 내 성공을 방해하는 것이 있다면 그것은 오직 내 마음가짐 하나다. 이 점을 반드시 명심해야 한다.

당신만의 인생이 당신을 기다리고 있다!

누구나 가는 길은 결코 정답이 아니다. 나만의 길을 만들어야 하고, 나만의 길을 걸어나가야만 한다. 이 책을 읽고 난 당신 또한 당신만의 길을 만들 수 있다. 그리고 그 여정이 힘들다고 하더라도, 중간에 포기하지 않고 묵묵히 당신의 길을 걸어가야 한다.

때로는 힘든 그 여정에 좌절을 맛볼 수 있다. 우리 또한 시련과 좌절을 맛봤으니 말이다. 하지만 우리 둘 모두, 우리가 원하는 모든 꿈을 이뤘다. 권마담은 20대 중반, 치열한 워킹 홀리데이를 통해 영어 정복이라는 꿈을 이뤘다.

그리고 그 꿈 너머 작가의 삶, 동기 부여가로서의 삶을 꿈꾸었고 그 결과 현재 꿈을 이루고자 하는 모든 사람들에게 동기 부여가로서의 인생을 살고 있다. 즉, 성공한 인생을 살고 있는 것이다.

오지영 작가 역시 대학교를 1년만 다닌 후, 자퇴를 한 후 지독한 여정인 독학의 길을 걸었다. 그 길 마지막에 초등학교 교사라는 꿈이 기다리고 있다는 것을 알고 있었기에, 그 꿈 하나만을 바라보며 지독하고 치열하게 독학이라는 자신만의 길을 만들었다.

우리 모두 각 분야에서 성공했다. 우리가 정의하는 성공이란 우리가 원했던 꿈을 이룬 것과 같은 의미이다. 우리 모두 평범하디 평범한 사람이다. 단지 당신과의 차이점이 있다면 바라고 원하는 꿈을 간절하게 생각하느냐 생각하지 않느냐의 차이뿐이다.

그리고 그 간절한 꿈을 향해 실천을 바로 하느냐 하지 않느냐의 차이만 존재한다. 이 말은 당신 또한 간절한 꿈을 생각하고 그 즉시 실천을 한다면 당신이 원하는 그런 삶을 살 수 있다는 말이 된다.

누군가만 자신의 인생을 사는 것이 결코 아니다. 자신이 원하는 삶을 우리 모두 누릴 수 있다. 그리고 우리는 반드시 그런 인생을 만들어야 한다. 아침에 눈을 뜬 순간부터 밤에 잠들기 직전까지 오직 나만을 위한 그런 인생을 살아야 한다.

나만의 인생을 살게 되면 하루하루 내게 주어진 24시간이 소중하게 느껴진다. 단조로운 일상처럼 느껴지지 않고, 24시간이 순식간에 지나가는 느낌이 든다. 매일 사소한 일부터 감사함을 느끼고 되고 인생이라는 것 자체를 즐겁고 행복하게 즐기게 되는 것이다.

초, 중, 고, 대학교를 졸업하고 남들처럼 단지 스펙만을 열심히 쌓는 그런 인생을 이제 그만 살아야 한다. 그런,인생 뒤에는 평범함이라는 것밖에 없다. 평범한 인생을 살다가 평범하게 죽게 되는 것이다.

한 번밖에 없는 인생 우리는 정말로 재미있게 살아야 한다. 그리고 24시간을 온전히 즐길 수 있어야만 한다. 그런 인생을 살려면 당신만의 인생을 만들어야 한다. 당신만의 인생은 항상 당신을 기다리고 있다.

그것을 빨리 알아챈 사람은 남들보다 더 빨리 자신만을 위한 인생을 만들기 시작한다. 남들처럼 평범한 길을 걷지 않고, 자신만의 길을 빨리 찾아서 치열하게 걷기 시작한다. 자신만의 길을 만들수록 그 사람만의 인생 스토리, 인생 스펙이 쌓이는 것이다.

인생 스펙이 쌓일수록 그 사람만이 걸을 수 있는 길을 향하게 되고, 어느새 그 길 끝에 다다랐을 때, 그는 자신의 인생에서 성공을 맛보게 된다. 사회가 정한 기준이 아닌, 자기 스스로 정한 그 성공을 정말로 기쁜 마음으로 맛볼 수 있는 것이다.

이제 평범함을 벗어나기로 다짐했다면 당신 또한 빨리 당신만의 길을 만들어라. 당신의 길 끝에 당신 인생의 성공이 하염없이 당신을 기다리고 있다. 그 성공을 바라보면서 시련과 좌절이 와도 잘 견뎌내고 버틴다면 당신은 더 큰 성공을 보게 된다.

그리고 아침에 눈을 뜬 후, 밤에 잠들기 직전까지 당신은 당신만의 인생을 살게 된다. 남들이 강요하는 삶이 아닌, 그리고 남들처럼 평범한 삶이 아닌 당신만을 위한 인생, 당신을 빛나게 하는 그런 인생을 사는 것이다.

우리 모두 그런 인생을 살아야 한다. 누구나 가는 길은 결코 정답이 아니다. 그러므로 누구나 가는 길의 여정을 벗어나고 이제는 당신만의 길을 걸어라. 당신만의 길을 걸으며 당신만이 볼 수 있는 당신 인생의 찬란함을 맞이해라.